FACULTÉ DE DROIT DE MONTPELLIER

ÉTUDE COMPARÉE

SUR

L'HISTOIRE ET LE RÔLE ACTUEL

DU

CAUTIONNEMENT ET DE LA SOLIDARITÉ

THÈSE POUR LE DOCTORAT

Présentée et soutenue le lundi 4 Mars 1895,

PAR

Roger THISSE,

AVOCAT A LA COUR D'APPEL DE MONTPELLIER,

Lauréat des six concours de Licence de la Faculté de Montpellier
(Six premiers Prix)
Lauréat du Concours général des Facultés (1893.)
(Premier Prix)
Lauréat du concours de doctorat (1894)
(Première médaille d'or)

MONTPELLIER,

IMPRIMERIE RICARD FRÈRES. RUE COLLOT. 9

1895.

THÈSE POUR LE DOCTORAT

FACULTÉ DE DROIT DE MONTPELLIER

MM. VIGIÉ, Doyen, Professeur de Droit civil, et chargé du cours d'Enregistrement.

VALABRÈGUE, Assesseur, Professeur de Droit commercial, et chargé du cours de Droit commercial comparé

BRÉMOND , Professeur de Droit administratif, et chargé du cours de Droit administratif approfondi.

GIDE, Professeur d'Économie politique.

LAURENS, Professeur de Droit civil, et chargé du cours de Droit civil dans ses rapports avec le notariat

PIERRON, Professeur de Droit romain.

GLAIZE, Professeur de Procédure civile, chargé du cours des Voies d'exécution, et du cours de Législation financière.

LABORDE, Professeur de Droit criminel, et chargé du cours de Législation industrielle.

CHARMONT, Professeur de Droit civil, et chargé du cours de Législation notariale.

CHAUSSE, Professeur de Droit romain, et chargé du cours de Pandectes.

MEYNIAL, Professeur d'Histoire du Droit.

BARDE, Agrégé, chargé des deux cours de Droit constitutionnel.

VALÉRY, Agrégé, chargé du cours de Droit international public, et du cours de Droit international privé.

GIRAUD, Secrétaire.

MEMBRES DU JURY :

MM. PIERRON, Professeur, *Président*

VIGIÉ Professeur,

GIDE, Professeur,   *Assesseurs.*

CHARMONT, Professeur,

FACULTÉ DE DROIT DE MONTPELLIER

ÉTUDE COMPARÉE

SUR

L'HISTOIRE ET LE ROLE ACTUEL

DU

CAUTIONNEMENT ET DE LA SOLIDARITÉ

THÈSE POUR LE DOCTORAT

Présentée et soutenue le lundi 4 Mars 1895,

PAR

Roger THISSE,

AVOCAT A LA COUR D'APPEL DE MONTPELLIER,

Lauréat des six concours de Licence de la Faculté de Montpellier
(Six premiers Prix)
Lauréat du Concours général des Facultés (1893.)
(Premier Prix)
Lauréat du concours de doctorat (1894)
(Première médaille d'or)

MONTPELLIER,

IMPRIMERIE RICARD FRÈRES, RUE COLLOT, 9

—

1895.

A MON PÈRE, A MA MÈRE

———

A MON FRÈRE

INTRODUCTION

Rarement dans la pratique des affaires, une personne s'engage seule ; le créancier avec qui elle traite réclame des garanties contre son insolvabilité future. Ces garanties sont de deux sortes. Tantôt un objet déterminé, meuble ou immeuble, est affecté spécialement au paiement d'une créance, sous forme de gage ou d'hypothèque ; tantôt une ou plusieurs personnes accèdent à l'engagement du débiteur principal pour le corroborer. Dans le premier cas, on dit qu'une sûreté réelle a été fournie ; le second type de sûreté est appelé sûreté personnelle. Ces diverses garanties, en confirmant la confiance du créancier, qui désormais sera plus disposé à *credere* (*fidem alterius sequi*) donneront au débiteur plus de crédit. En effet, le patrimoine du débiteur est le gage commun des créanciers ; en cas de déconfiture, ils viennent tous au marc le franc ; le débiteur conserve l'administration de ses biens et peut les aliéner, sauf la ressource un peu précaire de l'action Paulienne en cas d'aliénation frauduleuse. (Code Civil, Art. 1167.) Contre ces deux dangers, le créancier est protégé par la constitution d'une hypothèque ou la dation d'un gage [1]. Les sûretés personnelles réservent, si le débiteur principal est insolvable, un recours contre ceux qui sont venus garantir son engagement. Les deux modes de sûretés fonctionnent donc au même titre comme instrument de crédit.

Notre étude est restreinte aux sûretés personnelles. Si on se place à notre époque, on ne tarde pas à distinguer deux hypothèses où le créancier recourt à ces sortes de garanties :

1° Deux ou plusieurs personnes sont intéressées à une œuvre commune; si elles s'obligent purement et simplement, la dette qu'elles contractent se divise entre elles ; on l'appelle conjointe. Mais si elles veulent affermir leur crédit, chacune d'elles s'obligera pour le tout, et l'obligation sera dite solidaire. Le premier type de sûreté personnelle est donc la solidarité dont nous empruntons à l'Article 1200 du Code Civil la définition : « Il y a solidarité de la part des débiteurs, lorsqu'ils sont obligés à la même chose, de manière que chacun puisse être contraint pour la totalité, et que le paiement fait par un seul libère les autres envers le créancier. (Cf. Inst. Just., fg. 1, *de duobus reis*, Liv. III, Titre XVI.)

---

[1] L'hypothèque confère le droit de préférence et le droit de suite ; le gage confère le droit de préférence et le droit de rétention.

2° Une personne s'engage envers un créancier, mais celui-ci ne consent à traiter que si une nouvelle obligation vient accéder à la première. Pour atteindre ce but, on pourrait, comme dans l'espèce précédente, recourir à la solidarité, mais le droit offre un second moyen de garantir la première obligation, le cautionnement ou fidéjussion. (Code Civil, Art. 2011 ; Cf Inst. Just., Tit. XX., Liv. II) : « *Pro eo qui promittit, solent alii obligari, qui fidejussores appellantur.* » Au lieu de s'engager principalement, le nouveau débiteur s'engage accessoirement. Voilà le critérium de distinction de la solidarité et du cautionnement. Tous les codébiteurs solidaires sont tenus principalement et au même titre « *et promittentes singuli in solidum tenentur* » ; les cautions ou fidéjusseurs ne sont tenus qu'accessoirement, d'où l'on tire deux conséquences :

1° Les codébiteurs solidaires ne jouissent ni du bénéfice de discussion, ni du bénéfice de division. (Art. 1204, Code Civil.)

2° Ces deux bénéfices sont au contraire reconnus à la caution. (Art. 2021 et 2026, Code Civil.)

C'est l'histoire comparée de ces deux formes de sûretés personnelles que nous nous proposons de faire. Ont-elles toujours coexisté ? Tendent-elles à se confondre ? Quel est leur rôle actuel ? L'importance des sûretés personnelles a-t-elle augmenté ou diminué ? Autant de questions à la fois intéressantes et délicates, que nous chercherons à résoudre. Cette évolution parallèle du cautionnement et de la solidarité, avec

ses changements et ses progressions multiples, souvent inattendus et partant inexplicables en apparence,
n'est-elle pas gouvernée par des lois supérieures, qui
agissent sur les faits économiques comme des tendances?

POSITION PRÉCISE DE LA QUESTION

L'idéal d'une garantie personnelle est d'assurer
au créancier une sûreté complète, en imposant au
garant le moins de gêne et de risques possible. Il y a
entre ces deux intérêts quelque antinomie. Plus en
effet l'obligation de la caution est rigoureuse, suscep-
tible d'être ramenée à exécution avec peu de lenteur
et de frais, plus le créancier est satisfait ; mais
d'autre part, la caution subira avec peine une condition trop dure, les sûretés personnelles deviendront
rares et le crédit souffrira de cette excessive rigueur.
La forme la plus parfaite de garantie personnelle au
point de vue du créancier, c'est la solidarité. Le débiteur qui intervient pour autrui acceptera de préférence
une solution qui concilie l'intérêt bien entendu du
créancier avec le sien propre et cherchera dans une
équitable transaction la loi de son engagement.
Toutes les fois que le créancier sera libre, il cherchera à fondre le cautionnement et la solidarité, et
cette fusion se produira d'autant plus facilement que
l'influence de la vie commerciale sur la vie civile sera

plus profonde. Parfois, à la vérité, la volonté du créancier sera comprimée par la loi ou par quelque autre circonstance accidentelle. D'ordinaire la jurisprudence interviendra en faveur de la caution pour atténuer son obligation. Le juge tiendra à peu près ce langage : « Que le créancier soit sûr d'obtenir en fin de compte ce qui lui est dû, n'est-ce pas tout ce qu'il faut ? Entre ces prétentions opposées, il nous semble que la balance doit pencher en faveur de la caution, du moins tant que l'intérêt public n'élève pas la voix. Il faut et il suffit que le créancier soit mis dans la situation où il serait, s'il avait un débiteur solvable ; le cautionnement n'a pas pour but de protéger le créancier contre les contestations et les retards [1]. »

Comment l'équilibre de ces deux intérêts s'est-il établi à travers les âges? Quelles conditions variées a-t-il présentées? Se poser une pareille question, c'est étudier l'histoire comparée du cautionnement et de la solidarité envisagés comme instruments de crédit. Les rapports de ces deux institutions apparaissent sans doute divers à travers les siècles, sous l'influence des modifications incessantes des mœurs et de l'état économique; néanmoins des lois règlent leur évolution parallèle. Nous sommes de ceux qui croient à la possibilité d'établir les lois des faits économiques et

---

[1] Appleton. Nouvelle Revue historique, année 1876, *in principio.*

juridiques, bien que leur caractère éminemment on-
doyant et divers ne permette pas toujours de trouver
une formule simple pour exprimer ces lois. Elles ne
sauraient d'ailleurs prétendre, puisqu'elles gouvernent
des phénomènes complexes, à la simplicité abstraite
des lois mathématiques ou mécaniques.

La solidarité est-elle une forme perfectionnée du
cautionnement ? Ou plutôt le cautionnement n'appa-
raît-il qu'après coup, se détachant par degrès de la
solidarité pour vivre d'une vie distincte et séparée, à
mesure que le collectivisme de la *gens* et plus tard celui
de la famille tendent à s'évanouir, pour ne laisser subsister que des individus autonomes ? On ne compren-
drait pas la naissance du cautionnement dans l'organisation primitive des sociétés ; elle n'est possible
qu'à partir de l'époque où l'individu commence à
s'affranchir du lien qui l'unissait au groupe [1]. Comment la distinction progressive de la solidarité et du
cautionnement s'est-elle opérée ? La verrons-nous
persister, ou plutôt les deux formes de sûretés personnelles ne tendent-elles pas à se fondre de nouveau
dans l'unité primitive ?

Aurions-nous parcouru un de ces grands cercles
qui avaient tant frappé l'imagination de Vico, reve-
nant au point de départ après une longue évolution,
et pourrions-nous dire, avec M. Gide (page 253,

---

[1] *Vide* en notre sens note 1 de M. Henry Cuenot. Nouvelle Revue historique de droit français et étranger, année
1893.

Économie politique) : « L'évolution que nous venons de retracer nous présente un spectacle des plus curieux...Il y a, en effet, dans ces procédés savants et compliqués, qui constituent le dernier mot du progrès économique, une curieuse ressemblance avec les procédés primitifs des sociétés encore barbares. » Cette marche singulière, en apparence, de l'esprit humain ne serait-elle pas en réalité un progrès ? La forme solidaire est peut-être en soi la meilleure, quand le crédit est déjà développé ! La solidarité paraît d'ailleurs à plusieurs économistes pouvoir servir de base au crédit agricole et populaire. Ne serait-ce pas un grand progrès que d'avoir substitué à la solidarité de la famille agnatique ou de la *gens*, qui résulte d'une association forcée, une solidarité nouvelle fondée sur le libre accord des volontés ?

PLAN DE NOTRE ÉTUDE

Nous divisons notre sujet en trois grandes périodes, dont le terme marque le point de départ ou d'arrivée d'une évolution partielle :

A. Période romaine, des origines de Rome jusqu'à Justinien ;

B. Période franque et coutumière ;

C. Période moderne.

Cette division, factice en d'autres matières, apparaîtra dans notre sujet comme tout-à-fait conforme à la nature des choses. La première période marque l'histoire de la distinction progressive de la solidarité et du cautionnement, jusqu'au jour où la fidéjussion reçoit son organisation parfaite avec la Novelle 4 de Justinien qui lui imprime un caractère nettement accessoire.

La seconde période nous apparaît comme l'image de la première. Le droit germanique primitif reflète, comme le droit de l'ancienne Rome, l'organisation collective de la famille ; le cautionnement y apparaît confondu avec la solidarité. Nous le verrons s'en séparer peu à peu et revêtir, sous l'influence du droit romain, un caractère aussi complètement accessoire que celui de la fidéjussion, dans les écrits de Pothier, par exemple.

La troisième période semblerait nous ramener à la confusion primitive. Les exigences du commerce, le perfectionnement des moyens de crédit réel paraissent devoir amener la substitution progressive de la solidarité à la fidéjussion, soit intégralement, soit partiellement sous la forme de cautionnement solidaire, qui n'est qu'une solidarité atténuée. Et d'autre part, pour faciliter ce rapprochement, les effets de la solidarité deviendraient moins rigoureux (solidarité imparfaite, interprétation du mandat de représentation donnée par la jurisprudence, conceptions nouvelles de la solidarité).

A titre d'appendice, nous rechercherons quelle est l'importance actuelle des garanties personnelles, et si leur rôle a grandi ou diminué.

A. — Première période

Cette période se subdivise en deux autres bien distinctes :

α. Des origines jusqu'à la création par la pratique de la fidéjussion (fin du VIIme siècle de Rome).

6. De la création de la fidéjussion jusqu'à Justinien.

Caractères généraux de ces deux périodes.—Elles se ressemblent très nettement, car elles marquent un double effort du cautionnement pour se dégager de la solidarité.

α. La copropriété gentilice a laissé dans les institutions des traces profondes ; la solidarité d'obligation en est une conséquence nécessaire. Le cautionnement apparaît peu à peu comme distinct ; à mesure que la vieille organisation familiale est battue en brèche, l'engagement du *sponsor* et du *fidepromissor* est atténué par le législateur sous la pression d'un besoin urgent, la protection des débiteurs obérés ; mais les lois dépassent le but, elles limitent trop étroitement le droit du créancier. Le crédit trop vivement comprimé s'ouvre une voie nouvelle, et la pratique crée une formule presque aussi énergique dans ses effets que celle qui produit la solidarité. Cette formule est celle de la fidéjussion.

β. La fidéjussion, à son tour, s'écarte de la corréalité ; son caractère accessoire, dégagé par l'analyse
juridique, s'accuse de plus en plus. Le formalisme, le
strictum jus tendent à disparaître : d'où l'introduction
des bénéfices du fidéjusseur, dont le dernier date de
Justinien, et qui concilient heureusement le droit
légitime du créancier et l'intérêt du fidéjusseur. Cette
phase est celle du plein épanouissement du droit
individuel. En même temps, des formes nouvelles de
cautionnement sont mises au jour, qui contribueront
pour leur part à l'organisation définitive de cette
institution, le *Pacte de Constitut*, plus apte aux nécessités du commerce, le *mandatum credendæ pecuniæ*, plus conforme à l'équité, plus souple, instrument de crédit perfectionné. Quant à la solidarité, elle
se développe parallèlement, venant parfois renforcer
le cautionnement *(correus non socius)* et parfois aussi
compléter l'énergie de ses effets en s'adjoignant la
fidéjussion *(fidejussio alterna)*. A l'époque de Justinien le cautionnement est pleinement constitué avec
son caractère accessoire en dehors de la solidarité,
et c'est en vain que l'on croirait trouver dans la
Novelle 99 une tentative de fusion.

PREMIÈRE PARTIE

Cette période se caractérise par deux grands faits :
1° L'individu commence à se dégager de la collectivité (*gens*) qui comprend l'ensemble des personnes qui se rattachent à un ancêtre commun. Au début de cette période la *gens* est encore florissante, les divers membres du groupe sont encore étroitement unis. Il existe entre eux plus qu'une communauté de culte ; leurs intérêts pécuniaires sont confondus dans une large mesure, et cette confusion se manifeste à deux points de vue. La propriété du sol est collective ; elle repose sur la *gens* et non sur la tête des *gentiles*. « Les terres gentilices appartenaient à la *gens* et non individuellement ni même indivisément aux *gentiles*[1]. » Il y a entre les membres de la *gens* une solidarité qui se manifeste surtout par des devoirs d'assistance et de surveillance mutuelle [2].

Cette organisation gentilice ne devait pas tarder à se dissocier ; de bonne heure le droit individuel

---

[1] Cuq. *Institutions juridiques des Romains*, p. 91.
[2] Vide. *eodem loco*, p. 71, et les textes cités en note.

chercha à se développer en dehors et aux dépens de la collectivité.

L'hostilité que l'État manifesta à l'égard des *gentes*, les guerres, la disparition des croyances religieuses rompirent cette solide unité. En dehors des *gentes*, la plèbe, masse hétérogène, s'organisait. Mais plus que toute autre cause, l'appropriation des terres gentilices contribua à cette désagrégation de la *gens*, en créant au profit des familles dont la réunion composait l'association gentilice une propriété distincte et séparée. Désormais une collectivité plus restreinte, la famille agnatique subsiste seule sur les débris de la *gens*. L'évolution préparée par l'établissement de l'*heredium*, le développement de la fortune individuelle (*pecunia*) s'est accomplie. M. Cuq (p. 246) écrit à ce sujet, confirmant nos conclusions : « Le changement dans le régime des terres gentilices eut pour conséquence de rendre moins étroits et moins fréquents les rapports entre les membres de la *gens*. Jusqu'alors ils avaient eu des intérêts pécuniaires communs ; ils n'auront plus de commun que des intérêts religieux ou moraux et aussi des intérêts politiques. » Ainsi, à la disparition de la *gens* correspondait l'avénement du droit individuel.

2° Cette période est troublée par une crise sociale, la question des dettes. L'accumulation des richesses dans les mains de quelques privilégiés, la dévastation des campagnes au cours des longues guerres obligent les pauvres à recourir au prêt à intérêt, qui est pour eux une cause de ruine, car ils ne peuvent faire des sommes prêtées un emploi productif. L'élévation du taux de l'intérêt, la rigueur des voies d'exécution sur la personne provoquent des séditions qui rendent nécessaires à plusieurs reprises l'intervention du législateur.

De ces prémisses nous pouvons tirer deux conclusions que notre étude postérieure vérifiera.

La solidarité seule existe au début de cette période, le cautionnement ne s'en sépare que peu à peu. Cette distinction progressive ne résulte pas uniquement du jeu des forces économiques; elle est précipitée par l'intervention du législateur.

Nous étudierons successivement dans cette première partie :

1° La confusion originaire du cautionnement et de la solidarité (preuves de cette confusion tirées de l'analyse de la condition du *sponsor* et du *fidepromissor*) ;

2° Les causes de cette confusion : solidarité de famille, caractère formaliste, unilatéral et *stricti juris* de l'engagement des *sponsores* et *fidepromissores* ;

3° La tendance du cautionnement à se détacher de la solidarité.

Objection de M. Hauriou : La solidarité est une forme perfectionnée du cautionnement. (*Nouvelle Revue historique*, année 1882, p. 227.)

Réfutation. — Peut-être vraie rationnellement, cette proposition est historiquement fausse.

Nouvelle objection d'Ihering (*Esprit du Droit*

romain, 4me édition, Leipzick, 1888, III, Introd.,
p. XIII et sq.; Cuenot, *Nouvelle Revue historique*,
année 1893, p. 348). La première forme du cautionnement est celle du cautionnement avant-garde.

Cette objection est levée par une distinction des
deux fonctions du cautionnement : 1° garantie contre
l'insolvabilité du débiteur ; 2° garantie contre l'inexis-
tence juridique ou la nullité de l'obligation.

4° Les motifs de la distinction du cautionnement
et de la solidarité.

α. L'Individu se dégage du groupe, comparaison
de la situation du *sponsor* et du *fidepromissor* avec
celle de l'héritier.

β. Atténuation des rigueurs du formalisme.

γ Influence de la question des dettes.

5° La réaction de la pratique contre des réformes
qui dépassent le but et la naissance de la fidéjussion,
qui réalise une confusion nouvelle du cautionnement
et de la solidarité.

6° La loi Cornelia qui provoque l'apparition des
correi non socii. La corréalité utilisée pour une fin
nouvelle remplace partiellement la fidéjussion.

CHAPITRE PREMIER

CONFUSION ORIGINAIRE DU CAUTIONNEMENT
ET DE LA SOLIDARITÉ.

La preuve de cette confusion originaire résulte de l'analyse comparée de la condition du *correus* et de celle du *sponsor* et du *fidepromissor* avant la loi Furia.

« *Pro eo quoque qui promittit, solent alii obligari : quorum alios sponsores, alios fidepromissores appellamus.* » (Gaius, C. III, p. 115.) A l'origine, la *sponsio* exista seule ; elle remonte à l'époque où le débiteur principal ne pouvait s'engager que par la formule *spondeo* ; elle appartenait au *jus civile*. Mais quand les relations avec les pérégrins furent devenues plus fréquentes, on créa de nouvelles formes pour leur rendre le cautionnement accessible : d'où la *fidepromissio* calquée sur la *sponsio*, qui fut ouverte à tous sans distinction de nationalité [1]. (Gaius, C. III, p. 119 et 120.) Compa-

---

[1] Quelquefois on attribue au préteur pérégrin établi en 507 la création de la *fidepromissio*. La *sponsio* aux formes moins souples ne subsista qu'à raison de la Loi Publilia qui organise un recours énergique au profit du *sponsor* qui a payé.

rons la condition *du sponsor* et celle du *correus* :
ils ont également promis, *idem*; la formule créatrice
d'obligation est presque identique. Tous les deux sont
tenus principalement et au tout. De là trois conséquences :

1° L'obligation du *sponsor* au regard du créancier
est non pas accessoire, mais principale ; elle vaut
même si l'obligation du véritable intéressé est nulle.
(Ce qui est de l'essence de la solidarité, qui implique
pluralité de liens principaux.) (Loi 12, § 1, *D. de
duobus reis*; Cf. Code Civil, 1208, 2.) Cela résulte
du § 119 du Commentaire III de Gaius. « Nam
illi quidem nullis obligationibus accedere possunt
nisi verborum, quamvis interdum ipse qui promiserit non fuerit obligatus, veluti si femina aut pupil-
lus sine tutoris auctoritate, aut quilibet post mortem
suam dari promiserit. »

2° Les *sponsores* ne jouissent pas du bénéfice de
division ; s'ils sont plusieurs, chacun d'eux est tenu
au tout.

3° Le créancier peut s'adresser à son gré au
sponsor ou au débiteur personnellement intéressé à
la dette ; il n'est pas tenu de poursuivre celui-ci au
préalable, afin de constater son insolvabilité ; la
caution ne jouit pas du bénéfice de discussion.

Mais on peut adresser à ce système une objection
sérieuse. Justinien, dans sa Novelle IV, préface et
chapitre II *in fine,* nous parle d'une *lex antiqua*
tombée en désuétude et qui aurait établi jadis le bénéfice de discussion. « Legem antiquam positam quidem

olim, usu vero nescimus quemadmodum non adpro-
batam, rursus revocare et ad rempublicam reducere
bene se habere putavimus ». Cette loi ne saurait trouver place sous le système formulaire, car le bénéfice
de discussion est incompatible avec l'effet extinctif de
la *litis contestatio*. Mais ne remonterait-elle pas à
une époque ancienne, celle des *legis actiones* où
l'effet extinctif de la *litis contestatio* était inconnu ?
(Accarias, tome II, N° 766, page 728)[1]. Objecte-t-on
qu'à cette époque : « bis de eadem re ipso jure agi
non poterat ? (Gaius IV, 108.) Probablement ce principe, dit le même auteur, ne s'appliquait que *inter*
easdem partes. Cette thèse soutenue d'abord par
Cujas (ad. Nov. IV) qui voit dans cette *lex antiqua*
une loi véritable votée à une époque reculée (peut-
être la Loi des XII Tables) a été reprise par
M. Accarias. (Tome II, page 197, note 3.) Nier,
comme l'ont fait quelques interprètes, l'exactitude
d'une assertion aussi positive, me paraît chose d'autant plus téméraire que Justinien paraît avoir connu
cette loi, sinon par son texte, du moins par des documents très précis, car il y relève une importante
lacune. (Nov. 4, chap. I.)

Quant à cette *lex antiqua*, elle aurait peut-être été
suscitée par le malaise provoqué à Rome par cette
fameuse question des dettes, dont nous verrons dans

---

[1] Nous ne faisons que reproduire la thèse de M. Accarias.

2

la suite les nombreux effets. L'intervention du législateur paraît d'autant plus vraisemblable, que le cautionnement était considéré à Rome comme un *officium
pietatis* auquel on ne pouvait se soustraire ni comme
parent, ni même en tant qu'ami.

Cette *antiqua lex,* dans la théorie de M. Accarias,
n'aurait pas survécu à la disparition des *legis
actiones,* car elle est incompatible avec l'effet extinctif
de la *litis contestatio* qui est de l'essence de la nouvelle procédure. Peut-être fut-elle *usu non adprobata,*
parce qu'elle parut inconciliable avec la position
avancée de la caution primitive. Quand un créancier
réclame une caution (les Romains étaient à cet
égard particulièrement prudents), c'est qu'il n'a qu'une
médiocre confiance dans la solvabilité du débiteur
principal. Quoi de plus naturel alors qu'une poursuite
directe contre la caution ? La pratique du crédit
aurait fait tomber la *lex antiqua* en désuétude. Non
seulement l'*usus* fait la loi, mais il l'abroge ; cette loi
abrogée aurait laissé derrière elle quelques traces. Ce
fut, sinon une règle légale, du moins une coutume de
ne pas poursuivre la caution *de plano,* et cette pratique s'accentua de plus en plus à mesure que le cautionnement cessa d'être l'obligation d'un individu
enserré dans les liens de la collectivité pour devenir
un pur service d'ami. (Cicéron, ad.Att-liv XVI, L. 15;
Quintilien, Decl. 273.)

Voilà l'objection présentée dans toute sa force,
mais cette force est plus apparente que réelle. On
invoque le texte de la Novelle. Cujas tirait même

argument de deux lettres de Cicéron.(L. 17, livre 12, ad. Att; L. 15, livre 16.)

Réfutation. — Dans l'opinion précédente, on corrige arbitrairement le texte de la Novelle, en supprimant une partie du texte « quamvis magnus ille Papinianus hæc primus docuerit ».

Les arguments tirés de Cicéron n'ont pas plus de poids. Tout d'abord, le bénéfice de discussion eût rendu le cautionnement illusoire, car au temps de Cicéron la *litiscontestatio* produit son effet extinctif *erga omnes*, comme il résulte de l'une des lettres précitées, où Cicéron parlant de la *litiscontestatio* s'exprime en ces termes : « *Quo facto non sum nescius sponsores liberari.* » Au reste, les lettres invoquées par Cujas expriment une opinion précisément contraire à la sienne. Dans la Lettre 17, livre XII, Cicéron écrit qu'il n'a pas à craindre les poursuites du créancier en tant que caution, parce que celui-ci est *liberalis*. Dans la Lettre 15, livre XVI, il n'est pas convenable, dit-il, de s'adresser aux cautions ; c'est donc légalement possible.

La raison décisive de rejeter le système proposé se trouve dans le silence de Gaius (Commentaire III), touchant cette *lex antiqua*. Est-il possible, si elle a existé, que ce jurisconsulte, après avoir rappelé les lois Apuleia, Furia, Cicereia, ne la cite pas même pour mémoire ?

Nous croyons, à l'exemple de M. Appleton (*Nouvelle Revue historique*, année 1876), que cette *lex antiqua* peut bien être la loi 116 *de verborum obli-*

gationibus (Dig. 45, 1), relative à la *fidejussio indemnitatis*. Paul, annotant un texte de Papinien, reconnaît au *fidejussor indemnitatis* une sorte de bénéfice de discussion, conséquence du caractère conditionnel de son obligation. « *A Mœvio enim ante Titium excussum non recte petitur.* » Mais Papinien avait omis de prévoir le cas d'absence du débiteur principal, et Justinien, plus habile que lui, comble cette lacune « *Neque enim antiqua lex definitam quamdam sanandi methodum habuit, quamvis magnus ille Papinianus hœc primitus docuerit.* » Cette *lex* ne fut pas *usu adprobata*, les créanciers acceptant difficilement une telle combinaison, et voilà pourquoi Justinien confirme, dans la Novelle 4, l'innovation attribuée à Papinien.

Plusieurs autres particularités de l'engagement des *sponsores* attestent avec non moins de force la confusion originaire du cautionnement et de la solidarité. Voici les trois principales :

α Tout d'abord les *sponsores* s'engageaient primitivement *in ipso negotio*, en même temps que le véritable intéressé. Suivant la coutume, celui qui voulait traiter menait à sa suite ses *sponsores*, ainsi le patron était escorté de ses clients. Une anecdote de Macrobe (*Saturnales*, 1, 6) en fait foi : « *Asinœ cognomentum Corneliis datum est, quoniam princeps Corneliœ gentis, emto fundo, seu filia data marito, cum sponsores ab eo solenniter poscerentur, asinam cum pecuniœ onere produxit in forum, quasi pro sponsoribus prœsens pignus.* » Les *sponsores* se présentaient donc comme des codébiteurs solidaires. Plus tard, le *sponsor* put intervenir après coup. (Argument de la *prædictio* de la loi Cicereia.)

β. A l'origine, le *sponsor* n'a pas de recours juridique contre le véritable intéressé et les *cosponsores* [1]. En effet, la loi Publilia qui crée au profit du *sponsor* un recours énergique, l'action *depensi* renforcée par la *manus injectio* (Gaius, III, 127; IV, 9. 171) n'apparut que plus tard. Voigt conjecture que cette loi Publilia fut portée par Q. Publilius Philo en 427. D'autre part, la loi Apuleia « *quæ inter sponsores et fidepromissores quamdem societatem introduxit.* » (Gaius, III, 122) est incontestablement postérieure à la loi Publilia. Le *sponsor* n'avait donc aucun recours légal contre ses coobligés. Sans doute, en cette matière, les mœurs comblaient les lacunes de la loi, et le *sponsor* était indemnisé après paiement ; c'était un recours fiduciaire. L'absence de recours s'explique par la confusion primitive de la solidarité et du cautionnement; elle en est un vestige évident. La solidarité intervient entre personnes reliées par une communauté d'intérêts pécuniaires (*gentiles, agnati*); celle qui paie fait sa propre affaire, car son intérêt se confond avec celui du groupe. Comment pourrait-elle recourir contre ses coobligés, puisqu'il y a unité de patrimoine? Lorsque la *sponsio* (cautionnement) naît,

---

[1] Les actions *mandati* ou *negotiorum gestorum*, actions de bonne foi, n'apparurent qu'assez tard.

calquée sur la solidarité, on lui applique les mêmes
règles.[1]

γ Ce qui démontre encore jusqu'à l'évidence la
confusion primitive de la solidarité et du cautionnement, c'est la présence accoutumée de plusieurs
sponsores , qui est un vestige de l'ancienne solidarité
familiale d'obligation.[2] La solidarité des gentiles et
des agnats impliquait la multiplicité de sujets passifs ;
il en fut longtemps de même en fait de la *sponsio* qui
n'est qu'une solidarité quelque peu atténuée ; les
formes de cautionnement qui se prêtent le moins à la
pluralité de sujets passifs, *Pactum de constituta
pecunia, mandatum credendæ pecuniæ,* sont celles
qui se présentent le plus tard.

Intransmissibilité de l'obligation du sponsor et du fidepromissor.

La situation du *sponsor* et celle du *correus* étaient
donc presque identiques ; une seule différence les
séparait. A la différence de l'obligation du *correus,*

---

[1] Ce caractère de la *sponsio* s'explique aussi par l'absence
de rapports juridiques entre *cosponsores* (interprétation
stricte, issue du formalisme.

[2] Les textes, les lois mentionnent toujours pluralité de
sponsores.

celle du *sponsor* (même règle pour le *fidepromissor*) était intransmissible à ses héritiers. (Gaius, C. III, 120). « Præterea sponsoris et fidepromissoris non tenetur heres. » Cette extinction *morte* de l'obligation de la caution ne paraît pas avoir été introduite par une loi particulière, mais découler de l'interprétation donnée du cautionnement par les Romains primitifs.

Elle est comme le premier degré de la différenciation progressive du cautionnement et de la solidarité. Elle correspond à cette phase de l'évolution où les liens, qui rattachent l'individu au groupe, sont assez étroits pour faire de l'obligation de cautionner un *officium pietatis*, mais pas assez rigoureux pour faire considérer la caution comme tenue au même titre que les véritables intéressés.

Plusieurs explications de cette intransmissibilité ont été proposées. Il en est une que j'écarte sans hésiter, celle que l'on voudrait tirer de raisons politiques. La règle de l'intransmissibilité est générale ; elle apparaît dans des pays divers où la question des dettes n'est pas un fléau assez intense pour éveiller l'attention du législateur.

Je ne donnerai pas plus de crédit à l'opinion soutenue par M. Accarias (tome II, page 173) : « Cette règle fut établie évidemment par suite d'une idée semblable à celle qui avait fait admettre le caractère viager du droit de l'*adstipulator*... On réputait le *sponsor* et le *fidepromissor* semblablement investis de deux mandats distincts, dont l'un consistait à s'obliger et l'autre à acquitter l'obligation, et de là on concluait que ce second mandat, n'étant point exécuté au moment de leur décès, ne pouvait leur survivre. » L'auteur reconnaît lui-même que cette assimilation n'était pas rationnelle, et de fait, les anciens Romains ne la firent pas. Elle repose sur une confusion des effets du mandat *inter partes*, et des obligations contractées par le mandataire, au regard des tiers en exécution du mandat. Voyons comment il faut expliquer cette intransmissibilité ?

Tout d'abord, cette règle apparaît comme générale dans les sociétés primitives. On la retrouve dans l'Inde ancienne. (Livre de la Loi de Manou, slokas 158, 159, 160, traduction Loiseleur Deslonchamps, N° 159.) Le fils n'est pas tenu d'acquitter les sommes dues par son père pour s'être rendu caution (N° 160). La règle est restreinte par Manou à la caution de comparution (*vas*). L'obligation du garant s'éteint aussi par la mort dans l'ancien droit Germanique. (Lehr, page 272) [1].

Dans l'ancien droit Français, Beaumanoir nous apprend que cette règle fut consacrée par une assise tenue à Creil, et où furent prises des décisions qui forment le chapitre XLIII de son ouvrage (7, § 4).

On retrouve même dans certaines législations modernes le reflet de ce vieux principe. En Autriche (Art. 1367, Code Civil), à Zurich (Art. 1813), le droit

---

[1] A Athènes l'obligation de la caution ne dure qu'une année. (Krant-Privatrecht, § 178, N°s 7, 8, 10).

de poursuivre les héritiers de la caution s'éteint, sauf avertissement, deux ou trois ans après le décès de celle-ci.

On peut invoquer en premier lieu, en ce qui concerne le droit romain primitif, la nécessité de prévenir le danger des vacances d'hérédité et l'interruption des *sacra privata*. Le cautionnement est un acte fréquent chez les peuples primitifs, et l'héritier redoutant l'insolvabilité des débiteurs principaux aurait pu être tenté de renoncer à une succession qu'il croyait onéreuse. Il est une raison plus sérieuse de ce fait.

Le cautionnement est un acte d'ami, et l'amitié du père pour le débiteur ne passe pas nécessairement à ses enfants avec la succession. Ainsi envisagé, le droit du créancier ne pouvait compter dans le patrimoine ; c'était un droit attaché à la personne de la caution ; il était dès lors subordonné à la vie de celle-ci et devait s'éteindre à son décès.

La preuve du caractère essentiellement personnel du cautionnement résulte de ce principe que le fidéjusseur [1] (*a fortiori* le *sponsor*) ne garantit pas simplement une dette, mais s'engage pour un débiteur déterminé ; il intervient non *in rem sed in personam*. (L. 22 de fid., L. 18 de Sct.; Mac. XIV, 6 ; L, 11 de fid.; L. 47, pr. de fidej.)

---

[1] Cette règle appliquée à la *fidejussio* découle directement des anciens principes sur la *sponsio*. On remarquera toutefois que la dette du fidéjusseur est transmissible à ses héritiers.

M. Vigié (Cautionnement d'après la coutume de Montpellier) a donné à cette thèse un relief saisissant :

« A l'origine de toutes les sociétés, le contrat de cautionnement est très en honneur ; il n'assure pas seulement le créancier contre l'insolvabilité du débiteur, mais il constitue une attestation donnée au créancier de la bonne foi du débiteur, de sa loyauté. Et si tel est le caractère du cautionnement, faut-il s'étonner de voir l'engagement disparaître à la mort de la caution ? N'est-ce pas de sa part une simple attestation personnelle et dont les héritiers n'ont pas à souffrir ? Le cautionnement est un *officium pietatis* entre parents ou entre amis[1] . »

---

[1] Plusieurs auteurs (M. Cuq, l. c., p. 695 ; M. Esmein, Nouv. Rev. hist., p. 51 et 52) ont donné de l'intransmissibilité passive de l'obligation du *sponsor* et du *fidepromissor* une explication bien différente, tirée d'une cause générale. Ils y voient un cas particulier, un curieux vestige d'un phénomène général, l'intransmissibilité originaire de l'obligation qu'ils cherchent à établir par des preuves directes et des arguments de Droit comparé. L'explication est séduisante, mais le principe de l'intransmissibilité originaire de l'obligation, n'est pas sans soulever, en Droit romain du moins, plusieurs objections graves.

La solidarité familiale se concilie assez difficilement avec le principe de l'intransmissibilité des obligations, marquée au coin de l'individualisme.

M. Cuq (p. 697, 698) fait remarquer d'ailleurs que l'idée de transmission des dettes s'est appliquée de fort bonne

Cette intransmissibilité de l'obligation du *sponsor* et du *fidepromissor* la distinguait de celle du *correus*; cette légère distinction dans les effets devait se traduire par une légère différence de formule. Voilà comment la formule du cautionnement fut créée et dès ce jour il put vivre d'une vie propre. Sous le

---

heure aux *sacra*, que les textes comparent souvent aux dettes envers les hommes. — L'usucapion *pro herede*, vieille institution juridique, n'explique-t-elle pas, s'il faut en croire Gaius, que la charge des dettes grevait primitivement l'héritier ? Des sources multiples font remonter aux XII Tables la division des dettes de plein droit entre les héritiers. (Gordian. C. J. III, 36, 6; Diocl. eod, IV, 6, 7; Paul, 23, ad. Ed ; D. X, 2, 25, 9). M. Esmein ne néglige-t-il pas quelque peu ces textes ?

M. Cuq lève la difficulté par une distinction de l'acte juridique (*nexum, vadis et prœdis datio*) et de l'acte fiduciaire (*sponsio, fidepromissio*). L'acte juridique seul engendre une obligation transmissible. Cette distinction est rejetée par M. Esmein (p. 55 et 56 *in principio*, l. c.)

L'explication proposée laisse dans notre esprit des doutes assez graves, quelle que soit l'autorité de ses auteurs. N'oublions pas d'ailleurs que M. Esmein avait au contraire expliqué par des causes spéciales, tirées de la nature intime du cautionnement l'intransmissibilité originaire de l'obligation de la caution. (Contrats dans le très ancien Droit français, p. 90.)

A nos yeux le cautionnement est surtout à l'origine une attestation de loyauté. Peu à peu, dans la suite, l'élément pécuniaire tend à se substituer à l'élément moral. (Obligation du *vas* et du *prœs* transmissible. — Voir aussi les chap. sq. — Fidéjussion. — Constitut.)

règne du formalisme, tout ce qui ne trouve pas son
expression dans les « *verba concepta* » est non avenu ;
si la *sponsio* ne se fût revêtue d'une forme distincte,
on eût continué à la confondre avec la solidarité pure,
en dépit de l'intention des parties. Quelle forme devait-
on donner à l'engagement du *sponsor* ? Il fallait lui
imprimer un caractère légèrement accessoire qui le
distinguât de celui du véritable intéressé. Aussi,
tandis qu'à une interrogation qui les visait tous, sans
solution de continuité, les *correi debendi* répondaient
tous ensemble, pour mieux faire ressortir en même
temps que l'unité de l'obligation solidaire l'égale portée
de leur engagement, le *sponsor* se vit adresser
une interrogation distincte de celle du débiteur principal et à laquelle il répondait seul. (Gaius, III, 116 ;
Cbn, Liv, III, Titre XVI, Institutes.) « *Sponsor ita
interrogatur : idem dari spondes ? Duo pluresve
rei promittendi ita fiunt : Mœvi, quinque aureos
dare spondes ? Sei, eosdem quinque aureos dare
spondes ?* (unité d'interrogation), *si respondent singuli separatim : spondeo*. Parfois les *correi* répondaient : « *spondemus*. »

CHAPITRE DEUXIÈME

CAUSES DE LA CONFUSION ORIGINAIRE DU CAUTIONNEMENT
ET DE LA SOLIDARITÉ.

Nous avons, semble-t-il, démontré la confusion primitive de la solidarité et du cautionnement. La *sponsio* ne se sépare de la solidarité pure que par l'intransmissibilité aux héritiers et par une légère différence de formule. Il faut maintenant déterminer les causes de la confusion ; l'analyse juridique les ramène à deux principales :

1° Organisation gentilice ou familiale ;

2° Formalisme juridique.

1° L'unité primitive est le reflet de l'idée de la garantie solidaire de la famille ou de la *gens*, qui se retrouve à l'origine de tous les peuples de la souche indo-européenne. (Cf. Marcel Fournier, cautionnement solidaire.) La collectivité, *gens* ou tribu, répond de la dette de chacun de ses membres. (En Grèce et en Germanie par exemple). Quoi de plus naturel ? La responsabilité solidaire ne découle-t-elle pas comme une conséquence nécessaire de la copropriété de famille ou de tribu [1] ? L'obligation individuelle n'ap-

---

[1] Ce principe existe encore en Russie (Afanassief, sur les Sociétés de crédit mutuel en Russie ; *Ref. sociale,* année 1889, p. 35 et sq). « Le principe de la caution solidaire se présente chez nous comme complément, comme satellite de la communauté, l'une n'étant pas possible sans l'autre. »

paraît qu'avec la propriété individuelle. La solidarité de la famille et de la *gens* se manifeste à Rome par des devoirs d'assistance.

Voici les principaux cas où ces devoirs d'assistance devaient s'exercer :

1° Paiement de la rançon du *gentilis* captif chez l'ennemi et hors d'état de payer. (Appien, *Annibal*, 28, trad. latine.) « *Igitur captivorum propinqui forum circumstantes, suos quisque privata pecunia se redempturum pollicebantur.* »

2° Contribution aux dépenses occasionnées par l'exercice d'une magistrature ou d'un sacerdoce public. (Denys II, 10 ; Liv. X, 32, 38, 60.)

3° Paiement d'une amende infligée à un *gentilis*. (Dion, fr. XXIV, 6 ; Tite Live, V. 32.) « *Sed humanam quoque spem, quæ una erat, Marcum Furium ab urbe amovere, qui, die dicta ab Lucio Apuleio tribuno propter prædam veientanam, quum,..... accitis domum clientibus..... responsum tulisset se collaturos quanti damnatus esset, absolvere eum non posse, in exilium abiit* ».

Pour la même cause les agnats et les *gentiles* devaient se cautionner mutuellement, et ce cautionnement revêtait naturellement une forme voisine de la solidarité.

2° *Formalisme primitif.* — La formule de la *sponsio*, étant donnée, sa teneur n'était pas de nature à permettre la distinction de la solidarité et du cautionnement. Le *sponsor* n'avait-il pas comme le *correus* promis *idem*? Le *strictum jus* ne tient pas compte de la volonté des parties qui n'est pas révélée par la formule. Nous sommes en effet à une époque voisine de celle des XII Tables, où l'élément extérieur prédomine. Si l'on remarque que les *sponsores* ont promis *idem* et que la *sponsio*, contrat unilatéral, ne saurait engendrer aucune obligation à la charge du créancier, on comprend à merveille que celui-ci ne soit pas tenu de diviser ses poursuites et qu'il puisse s'attaquer directement à qui bon lui semble.

CHAPITRE TROISIÈME

TENDANCE A LA SÉPARATION

Au point où nous sommes parvenus, nous avons déjà constaté une certaine tendance à la séparation de la solidarité et du cautionnement. Le relâchement du lien gentilice a rendu possible la constitution du cautionnement en tant qu'institution distincte. La *sponsio* a une formule légèrement différente de celle de la solidarité, et d'autre part, l'obligation du *sponsor* est intransmissible à ses héritiers. Nous devons maintenant rechercher les causes de cette distinction dont nous allons suivre la marche progressive, mais avant d'aborder cette partie de notre étude, qui formera le Chapitre quatrième, nous devons répondre à deux objections qu'on pourrait adresser à notre thèse.

α. *Objection de M. Hauriou.* (*Nouvelle Revue historique*, année 1882, p. 227.) La solidarité est une forme perfectionnée du cautionnement.

D'après M. Hauriou, l'engagement solidaire n'apparaît qu'au Vme siècle de Rome : « Les créanciers de Rome, avides de sûretés plus que tous autres créanciers, ne durent pas tarder à découvrir et à imposer aux débiteurs besogneux cette forme perfectionnée du cautionnement. Si l'apparition de l'engagement solidaire n'a pas précédé la suppression du *nexum,*

elle doit l'avoir suivie de près. Le *nexum*, par le terrible
sort qu'il réservait au débiteur insolvable, permettait
de mettre à contribution la compassion et la géné-
rosité de ses parents et de ses amis. Quand il fut
supprimé par la loi Pætlia (428 de Rome), les
créanciers durent songer immédiatement à remplacer
par une solidarité contractuelle cette solidarité de
l'amitié sur laquelle ils ne pouvaient plus compter. »

Parti de ces prémisses, M. Hauriou cherche à reconstituer le mode de construction de la corréalité « fille du
Droit strict » ; il prête aux prudents de la vieille Rome
une technique vraiment merveilleuse, une finesse
d'analyse singulière. La corréalité naît avec sa formule énergique. L'unité de la formule traduit une
unité supérieure, celle de l'obligation.

J'avoue que l'on est quelque peu séduit par la conception ingénieusement synthétique de [M. Hauriou,
mais on ne saurait se rallier à son opinion.

Pour nous, dès le jour où le cautionnement se fut
distingué de la solidarité, celle-ci continua à se développer dans un domaine propre ; elle devait donc
recevoir la marque du génie formaliste des Romains.
En ce sens, il est vrai de dire que la corréalité est
fille du Droit strict, mais le *strictum jus* ne la créa
pas, il ne fit que lui donner une forme nouvelle et
plus précise ; il la traduisit dans la langue des jurisconsultes. De même nous verrons plus tard la solidarité se plier aux formes plus souples des contrats de
bonne foi. (*Vide*, Loi 9, pr. de *duobus reis*..; D.
45, 2.) Mais nous ne croyons pas que la solidarité

soit une construction *a priori* des jurisconsultes,
ni même l'œuvre d'une jurisprudence, qui, sous l'influence des besoins pressants du crédit, élabore un
système nouveau et n'a conscience des moyens employés que lorsqu'elle est arrivée au but.

Il est vrai que la solidarité est en soi une forme
perfectionnée du cautionnement, elle évite les retards
et les frais de poursuite, elle assure la promptitude
et l'intégralité des paiements, et ces avantages sont
d'autant plus sensibles que le commerce est plus développé, mais ce n'est pas pour ces avantages que les
peuples primitifs adoptent la solidarité comme mode
de garantie ; elle découle nécessairement de leur état
économique, de l'organisation de la tribu ou de la
famille.

Dire que la solidarité n'est apparue à Rome (je l'envisage dans son essence, non dans une forme déterminée) qu'au Vme siècle de Rome, c'est aller à l'encontre des données les plus certaines de l'histoire.
L'auteur n'écrit-t-il pas lui-même que l'idée de garantie
solidaire est une vieille idée indo-européenne, que
nous retrouvons de tout temps dans les associations
des Germains et dans les *gentes* latines ? Ne faut-il
pas renoncer à expliquer les effets énergiques de la
sponsio antérieurement à la loi Furia, si on se refuse
à la considérer comme une solidarité atténuée ?

β, Si nous échappons à l'objection de M. Hauriou,
ce n'est que pour retomber sous le coup d'une objection en apparence plus pressante. La première forme
du cautionnement n'a-t-elle pas été celle de la caution

avant-garde? (M. Cuenot, *Nouv. Rev. hist.*, année
1893, p. 348; d'après M. d'Ihering, *Esp. du Droit
romain*, 4me édit, Leipzick, 1888, III, p. XIII et sq.)

Vous prétendez, nous dira-t-on, que le cautionnement est confondu avec la solidarité à l'origine et ne
s'en sépare que lentement. A vrai dire, il n'en a pas
été ainsi. La première forme du cautionnement est
bien différente de la solidarité. L'engagement de la
caution est indépendant de toute autre obligation,
soit identique, soit principale; il vit d'une vie propre
et individuelle. « Le cautionnement n'est pas comme
aujourd'hui un contrat d'assurance qui met le créancier
à l'abri des risques de l'insolvabilité du débiteur; la
caution a une position d'avant-garde. » Le *vas*[1], le
prœs, le *vindex*, les garants procéduraux et ceux de
la vie civile se présentent les premiers pour répondre
à l'attaque du créancier; ils ne cherchent pas un
débiteur principal derrière lequel ils puissent se protéger comme derrière un rempart. En revanche, on
leur accorde un recours énergique contre celui dans
l'intérêt de qui ils interviennent, l'action *depensi* de
la loi Publilia. (Gaius. IV. §§ 22 et 25 cbn.)

Cette proposition n'est-elle pas confirmée par le
Droit primitif comparé ? La loi Burgonde désigne le
débiteur véritable intéressé en ces termes : « *Is qui
sub fidejussore discesserit*, Titre XIX, § 5.) Ne

---

[1] Sur le *vadimonium* et sur les *prœdes*. (*Vide* Cuq,
page 380 à 384.)

voyons-nous pas dans le Droit Franc celui qui a fourni une caution qualifié du nom de « *debitor fidejussoris?* » (Cap. de 785, c. 27; Pertz, 1, 50; Baluze, p. 134.) Mais comme compensation des risques qu'il court, le fidéjusseur qui paie se voit accorder un recours éner- gique s'élevant d'ordinaire au double de la dette acquittée, contre celui pour le compte duquel il inter- vient. (V. les textes nombreux rappelés par M. Cuenot, p. 350 et 351, l. c.) [1].

Les sources romaines témoignent également de la position avancée de la caution primitive [2]. M. Cuenot cite notamment cette explication du terme *vas* : « Vas appellatus qui pro altero vadimonium promittebat. » *Pro alio,* le *vas* est donc engagé à la place du véri- table intéressé ! De même on trouve écrit que la cons- titution d'un *præs* [3] vaut paiement. (Cf. Gaius, IV, 21, vindicem, qui pro se causam agere solebat.)

Quelle évolution curieuse nous allons constater ! Il

---

[1] Adde. Esmein. Nouv. Rev. hist., p. 53, année 1887, et p. 52, note 4.

[2] M. Gauckler (N. Rev. hist., année 1889, p. 603) rap- porte une remarque curieuse de Kùntze. Le terme techni- que *sponsor*, désignant celui qui s'engage par une *sponsio*, s'applique non pas au débiteur principal, mais à la caution. N'est-ce pas que la caution était le véritable obligé ?

[3] Il est curieux de noter que la constitution du *vas* ou du *præs* peut être considérée comme la forme première de la Novation par changement de débiteur. L'*expromissio*, acte complexe, n'apparaît que plus tard. (Cf. sur le *Vindex.* Gauckler. *Nouv. Rev. hist,* p. 618.)

semble que, depuis l'origine, la caution n'ait tendu qu'à s'effacer de plus en plus pour laisser apercevoir la personne du véritable intéressé. D'abord en avant (Caution avant-garde), elle ne tarde pas à se mettre sur la même ligne que celui dans l'intérêt de qui elle intervient(Caution solidaire); puis elle se replie derrière lui (Caution renfort munie du bénéfice de discussion). Quoi de plus naturel que cette marche! Dans une société en voie de formation, alors que les capitaux sont rares, les sûretés réelles peu développées, qu'à la place du crédit, qui consiste à suivre la foi d'autrui, la défiance règne souverainement, surtout dans une société comme celle des vieux Romains, durs, avares, âpres au gain, si un capitaliste consent à prêter sous caution, c'est qu'il se défie particulièrement de la solvabilité de l'emprunteur et consent à traiter exclusivement en considération des garanties qu'on lui offre. Aussi le créancier ira-t-il droit au but; il visera directement le *prœs* ou le *vas*, sans s'attarder à poursuivre un débiteur qu'il croit insolvable. Puis les mœurs s'adoucissent, le crédit se développe, la confiance grandit, le prêteur ne cherche plus dans la caution qu'un supplément de garantie; dès lors, il n'imposera plus à celle-ci, devenue « débiteur accessoire », que les rigueurs nécessaires pour atteindre le but proposé.

Nous avons exposé l'objection dans toute sa force, elle ne nous paraît pas décisive, et nous n'en persistons pas moins à affirmer que le cautionnement s'est détaché directement de la solidarité.

« Les hommes, dit M. Labbé (préface du livre de M. Cuq) ont commencé à vivre d'une vie juridique collective. Le droit a reconnu l'existence à des groupes solidarisés, non aux individus qui les composent. Le même état se rencontre au début de toutes les sociétés ; un mouvement général a tendu à transporter la capacité du groupe à l'individu. La forme solidaire est le type primitif de l'engagement, celui dont tous les autres découlent. »

Or, dans la thèse que nous combattons, telle qu'elle est posée, la solidarité aurait servi de moyen terme entre deux types extrêmes du cautionnement, la caution avant-garde (*prœs, vas*) et la caution, obligé accessoire (fidéjusseur).

Mais alors comment expliquer la coexistence du *vas,* du *prœs* ou du *vindex* et de la caution tenue solidairement ? Pour ce faire, il nous faut pénétrer plus avant dans l'analyse et distinguer les rôles divers de l'engagement pour autrui.

L'engagement pour autrui peut tendre à un double but :

1° Garantir le créancier contre l'insolvabilité de la personne avec qui il traite ;

2° Garantir le créancier contre les vices dont l'obligation contractée envers lui est affectée ou sanctionner indirectement un engagement inexistant *jure civili.*

C'est à la première fonction que se rattache le cautionnement proprement dit (*sponsio, fidepromissio*), qui né de la solidarité s'en distingue progressivement.

Le *vas,* le *prœs* et même quelquefois les obligés

verbis (*sponsores*) se rattachent à la seconde fonction de l'engagement pour autrui.

A l'origine, le *vas* ou le *præs* interviennent pour sanctionner indirectement un engagement pris par une personne et qui ne peut *jure civili* être ramené à exécution.

Le droit civil ne donne de valeur qu'aux actes juridiques qu'il a marqués de son sceau, c'est-à-dire d'une forme prédéterminée. En dehors de cette forme, toute opération est purement fiduciaire ; elle relève de la morale, non du droit, et cependant les besoins de la vie pratique peuvent imposer aux particuliers la nécessité de faire usage de conventions non réglées par le droit civil. Pour les rendre obligatoires, on a recours à un procédé ingénieux. Un tiers vient se porter garant de l'honorabilité du débiteur obligé seulement *fide ;* on stipule de ce tiers (*sponsor*), où il s'engage à payer par une déclaration unilatérale (*vas*) une somme d'argent déterminée *(œs certum)* à titre d'indemnité, pour le cas où le fait *in obligatione* ne serait pas accompli et où la prestation promise ne serait pas effectuée. Le *sponsor*, le *vas* ou le *præs* menacés des rigueurs de la *manus injectio* agissent énergiquement sur la volonté du débiteur fiduciaire pour l'obliger à exécuter son obligation. Le *vas* ou le *præs* sont, d'ailleurs, le plus souvent des amis, des parents ou des membres de la *gens*, partant à même de surveiller celui pour qui ils ont consenti à intervenir. Si le débiteur fiduciaire n'exécute pas ses obligations, n'est-il pas exposé à la sanction morale du tribunal de la famille ou de la *gens ?* (Peine de l'*egestas.*) Au reste, les garants sont armés d'un recours énergique (action *depensi)* contre l'engagé principal récalcitrant.

Ainsi, dans la Rome ancienne, on peut sanctionner indirectement en la ramenant à une obligation de payer une somme déterminée (*œs certum*) (c'est la seule reconnue par le droit ancien comme d'Ihering l'a démontré) une obligation de *dare* ou de *facere* quelconque, par exemple celle de comparaître en justice ou de restituer l'objet du litige, si ayant obtenu la possession intérimaire *(vindiciæ)* on succombe.

Le droit primitif ne connaît que les actes déterminés, que les obligations certaines. Le *Nexum* (opération *per œs et libram*) n'est-il pas la première forme civile de contracter? La *condictio certæ creditæ pecuniæ* n'est-elle pas la première en date ? D'après l'opinion générale, la *manus injectio,* mode ordinaire d'exécution des obligations, ne suppose-t-elle pas une créance liquide, c'est-à-dire ayant pour objet une quantité déterminée « d'*œs* » [1] ? Le goût de la précision est si vif que nous voyons les Romains de l'époque postérieure, pour jouir des avantages de la détermination, liquider leurs créances en les déduisant dans une *condictio certæ creditæ pecuniæ.* (9, § 1, *de rebus creditis,* 12-1.) Le formalisme primitif n'est pas compatible avec l'existence d'une *obligatio incerta ;* le

---

[1] Cf. Le legs *per damnationem,* le serment, le constitut, vestiges de la vieille règle. (Cuq, *l. c.,* p. 679.)

recours au *vas*, au *prœs* ou au *sponsor* permet de sanctionner indirectement une telle obligation et de la sorte d'étendre le domaine du droit.

On voit que, grâce à la souplesse de la formule, tantôt le *sponsor* est une garantie contre l'insolvabilité d'un débiteur principal (dans ce cas, il est tenu comme codébiteur solidaire) et que tantôt il confirme par une voie détournée une obligation fiduciaire [1]. Il est alors nécessairement au premier plan (caution avant-garde), car seul il est lié juridiquement, celui pour lequel il intervient n'étant lié que *bona fide*.

Notre distinction des deux fonctions de l'obligation pour autrui est, d'ailleurs, d'une vérité permanente. Le *prœs* ou le *vas* deviendront le porte-fort du droit romain classique, celui qui s'engage en ces termes : « *Spondesne Titium servum Stichum daturum esse ? si non dederit, spondesne centum ?* » Mais, d'ordinaire, le porte-fort agit spontanément, tandis que le *vas* et le *prœs* intervenaient à la requête du débiteur fiduciaire.

Nous avons d'autres preuves à invoquer pour corroborer notre distinction des deux fonctions de l'engagement pour autrui.

A l'époque classique, l'extinction de l'obligation du débiteur principal profite au fidéjusseur. Toutefois,

---

[1] De même dans l'ancien droit, le gage pouvait être donné pour la garantie d'un simple devoir. La constitution d'un gage ne prouve nullement l'existence d'une obligation proprement dite. (*Vide* Cuq, *l. c.*, p. 624.)

cette règle cesse lorsque cette extinction résulte d'une cause toute personnelle au débiteur et qui ne le laisse exposé à aucun recours ; c'est ce qui arrive en général lorsqu'un mineur de vingt-cinq ans s'est fait restituer *in integrum*. (L. 13, pr. de min. IV, 4. L. 7, § 1; *de exc*, 44, I; Paul, I, 9, § 6.) L'exception qu'il acquiert ainsi ne compète pas au fidéjusseur, si celui-ci s'est engagé connaissant, comme on doit le présumer, la minorité du débiteur principal et par conséquent avec l'intention évidente de garantir le créancier contre le risque de l'*in integrum restitutio* (*a fortiori* pour le *mandatum credendæ pecuniæ*). Cette espèce nous montre la combinaison des deux fonctions du cautionnement, que l'analyse distingue.

De même en Droit français, l'Article 2012 du Code Civil ne permet pas à la caution d'invoquer les exceptions purement personnelles à l'obligé principal, par exemple l'exception de minorité. On présume que le fidéjusseur a voulu garantir le créancier contre ce risque de nullité de l'obligation principale.

Notre distinction des deux fonctions de l'obligation de garantie nous permet d'écarter l'objection de M. Cuenot. Toutes les fois que la caution est employée comme garantie contre l'insolvabilité d'un débiteur (*sponsor, fidepromissor*), sa condition est celle d'un coobligé solidaire, mais quand elle intervient pour sanctionner indirectement une obligation fiduciaire, sans valeur aux yeux du *jus civile* (*vas, præs*), par la force même des choses elle occupe une position avancée et se présente la première à l'attaque du créancier.

CHAPITRE QUATRIÈME

CAUSES DE LA DISTINCTION PROGRESSIVE
DU CAUTIONNEMENT ET DE LA SOLIDARITÉ.

De notre étude précédente trois conclusions se dé-
gagent :

1° Le cautionnement est historiquement postérieur
à la solidarité ; il est incompatible avec l'organisation
gentilice ou familiale primitive ;

2° Le cautionnement, lors de sa naissance, apparaît
comme une solidarité atténuée ;

3° La première différence entre ces deux institutions
réside dans l'intransmissibilité de l'obligation de la
caution (*sponsor*) à ses héritiers. Cette différence se
traduit par la création d'une formule nouvelle qui permet
de distinguer le cautionnement de la solidarité pure.

Il nous reste maintenant à déterminer avec précision les causes qui provoquèrent, puis précipitèrent
cette séparation. Une analyse attentive les ramène
à trois :

α. Emancipation de l'individu par rapport au groupe;

β. Atténuation des rigueurs du formalisme ;

γ. Influence de la question des dettes.

Cette quatrième partie de notre étude est comme
une vérification des précédentes.

Quand les causes qui avaient provoqué la confusion primitive cessèrent de s'exercer ou plutôt quand leur influence se fut atténuée, l'état de choses préexistant devait se modifier parallèlement.

1° Émancipation de l'individu par rapport au groupe.

Lorsque sous la double influence de l'État et de l'effort individuel, la *gens* se fut dissociée en tant qu'unité compacte, quand les patrimoines privés eurent remplacé le patrimoine collectif, la vieille solidarité d'obligation dut peu à peu disparaître. Restait entre membres de la *gens* et entre parents une obligation mutuelle de se cautionner (*officium pietatis*) assez rigoureuse sans doute, si on peut en juger d'après Horace (*Sat.* II, 6) :

Romæ sponsorem me trahis « Eia !
» Ne prior officio quisquam respondeat, urge. »
Sive aquilo radit terras, seu bruma nivalem
Interiore diem gyro trahit, ire necesse est.

mais moins stricte pourtant que l'ancienne solidarité familiale ou gentilice. C'est à cette évolution dans l'ordre social que la naissance du cautionnement correspond ; plus nous nous éloignerons du point de départ, plus la distinction du cautionnement et de la solidarité s'accusera. Mais rien n'est plus intéressant qu'une comparaison de l'amélioration progressive de la condition de la caution et des bénéfices introduits successivement en faveur de l'héritier.

A l'origine, sous le régime de la copropriété familiale, les héritiers continuent nécessairement la personne

du défunt. Les enfants ou descendants nés en légitime mariage et placés à la mort du *de cujus* sous
sa puissance immédiate, s'appellent héritiers siens et
nécessaires (*heredes sui atque necessarii*). Gaius, C. 2,
§ 167, explique cette qualification : « *Sed sui quidem
heredes ideo appellantur, quia domestici heredes
sunt et vivo quoque parenti quodammodo domini
existimantur ; necessarii vero ideo dicuntur, quia
omnimodo, sive velint, sive nolint, tam ab intestato
quam ex testamento heredes fiunt.* »

Il n'y a pas à proprement parler succession ; il y a
continuatio dominii.

Pœne ad propria bona veniunt. (Ulpien, 49, *ad ed.*
D. XXXVIII, 9-1-12.)

In suis heredibus, dit Paul, *evidentius apparet
continuationem dominii eo rem perducere, ut nulla
videatur hereditas fuisse, quasi olim hi domini
essent qui etiam vivo patre quodammodo domini
existimantur.* (2 ad. Sab., D. XXVIII, 2-11.) Cette
qualité de *necessarius* pouvait, le cas échéant, être
fort onéreuse pour le *suus heres.* Il suffit, pour le
comprendre, de se rappeler que le *suus heres* est
tenu *ultra vires* des dettes de la succession et exposé
par suite au risque de l'insolvabilité de son auteur et
à l'infamie, qui résulte de la *bonorum venditio.* C'était
une conséquence logique de la copropriété familiale ;
cette copropriété se manifestait par deux effets semblables, la solidarité dans les contrats, l'obligation
indéfinie aux dettes *post mortem patris familias,*
qui n'était en quelque sorte que la solidarité continuant

ses effets dans le temps. Quand le lien familial se fut relâché, on vit cette ancienne solidarité perdre de son énergie, et de même que les effets de la *sponsio* primitive, véritable cautionnement solidaire, tendirent à s'atténuer, l'*heres suus* sentit sa condition s'améliorer par l'introduction du *jus abstinendi*.

Ce *jus abstinendi* créé par le préteur (Instit., Liv. II, Titre XIX, *de heredum qualitate et differentia*, § 2) affranchit le *suus heres* des conséquences fâcheuses de l'hérédité. Non seulement il échappe à l'obligation de payer les dettes, mais encore le préteur le soustrait à l'infâmie. (L. 28 *de reb. auct, jud.*, 42-5; L. 7. C. *ex quib. caus. inf.*, II, 12). La confusion des patrimoines n'est plus nécessaire, mais facultative pour l'héritier.

Pour ne pas scinder une comparaison qui gagne à être présentée dans son unité, on mettrait de même utilement en regard de la Novelle 4 de Justinien qui introduit le bénéfice de discussion au profit du fidéjusseur, la constitution 22 au Code *de jure deliberandi* du même empereur qui crée le bénéfice d'inventaire au profit de l'héritier. Ces deux constitutions consomment la ruine définitive du principe ancien de la solidarité familiale. Le fidéjusseur est bien loin du *correus*; l'héritier ne voit plus qu'une règle illusoire dans le principe ancien de la continuation de la personne du défunt.

2° *Atténuation des rigueurs du formalisme.*

L'atténuation des rigueurs du formalisme, qui ne permettait pas de distinguer nettement, étant donnée

la teneur de la formule de la *sponsio*, le cautionnement de la solidarité, contribua également à la séparation progressive de ces deux institutions. On comprit
que la volonté des parties ne doit pas être entièrement méconnue et qu'il était juste de ne pas confondre
la situation du *correus*, véritable intéressé à la dette,
avec celle de la caution (*sponsor*), qui intervient pour
autrui. Sans doute on ne toucha pas d'abord au droit
du créancier, mais on améliora la condition du *sponsor*
en fortifiant son recours. Longtemps il n'avait eu
pour garantie que la *bona fides* du débiteur principal;
désormais il eut un recours sanctionné par une voie
d'exécution énergique. Cette réforme fut l'œuvre de
la loi Publilia, que Voigt place en l'année 427 de
Rome [1].

Le *sponsor* exerce l'action *depensi* contre le débiteur principal, et cette action croît au double en cas
d'*infitiatio* du défendeur. Bien plus, non remboursé
dans les six mois, il peut, sans jugement, recourir
tout droit à la *manus injectio pro judicato*. (Gaius,
III, § 127; IV, §§ 9, 22, 25.)

3° *Question des dettes.*

Des raisons politiques contraignirent le législateur
à aller plus loin dans la voie des réformes; sous la
pression de cette crise sociale qu'on appelle la question
des dettes, il osa s'attaquer au droit du créancier.

---

[1] Les considérations politiques ne furent peut-être pas
entièrement étrangères à ce changement.

Cette question se pose chez tous les peuples anciens, où, le commerce et l'industrie étant peu développés, le prêt à intérêt est le plus souvent une cause de ruine pour ceux qui y ont recours ; car ils ne peuvent faire des sommes empruntées un emploi productif et sont réduits à les consommer. « L'agriculture n'enrichit pas le petit propriétaire, heureux quand elle le fait vivre et qu'il n'est pas forcé, pour suppléer à l'insuffisance des récoltes, de recourir à l'assistance fatale de l'usurier. (Duruy, *Histoire des Romains.*)

Dans la Rome primitive, avant que l'influence des nations commerçantes et industrielles s'y fût exercée, la principale occupation des Romains était l'agriculture ; il n'y avait guère d'artisans que ce que les besoins de la guerre exigeaient. On recourait aux usuriers qui furent d'abord des patriciens, plus tard des chevaliers ou des affranchis. Les voies d'exécution étaient rigoureuses. Il arriva donc comme à Athènes, et dans tous les États de l'antiquité, où l'industrie ne nourrissait pas les pauvres de condition libre, que les dettes furent la première cause des révolutions démocratiques.

L'exiguïté du territoire, sans cesse menacé des ravages de l'ennemi, rendait bien précaire la situation des agriculteurs pauvres qui avaient grand besoin de sécurité. Et cependant le plébéien devait s'armer à ses frais, abandonner sans cesse son champ pour aller au combat. Si la récolte était détruite, il fallait subir les rigueurs d'un emprunt. Comme le patrimoine héréditaire était un gage médiocre, le taux de l'intérêt, croissant en proportion du risque, était énorme pour le pauvre (8 1/3 % était le taux fixé par les décemvirs [1]). La garantie accordée par l'État était énergique. En vertu du *nexum*, le prêteur pouvait, faute de paiement à l'échéance, user de la *manus injectio*, emmener chez lui l'emprunteur et lui imposer des travaux serviles. (Varron, VII-105). « *Liber qui suas operas pro pecunia quam debet dat, dum solveret, nexus vocatur, ut ab œre oneratus.* » C'est comme une véritable hypothèque sur la personne, l'anéantissement de la liberté du débiteur, l'abandon de sa vie au créancier. Appréhendé au corps, l'emprunteur ne peut pas même *sibi depellere manum ;* il doit, s'il conteste le titre du *manum injiciens*, fournir un répondant, le *vindex*. Les patriciens, au contraire, jouissaient d'une condition favorable ; détenteurs de vastes prairies soustraites aux ravages de l'ennemi, ils exportaient leurs troupeaux ou les produits de leurs terres que les esclaves cultivaient ; de la sorte, concentrant dans leurs mains de nombreux capitaux, ils les employaient à l'usure, source féconde de revenus. Les plébéiens insolvables emplissaient leurs *ergastula*.

La misère des plébéiens croissant sous une loi dure, une révolte éclata. D'abord le Sénat créa la dictature pour apaiser les factieux et rétablir l'ordre ; il échoua. La rigueur des créanciers redoubla (cruauté d'Appius

---

[1] D'autres disent 12 %. Cuq, *Inst. jurid.* page 379, § 2.

4

Claudius, épisode du centurion, couvert de blessures, traîné dans l'*ergastulum*). La plèbe se retira sur le Mont Sacré, demandant la délivrance des *nexi* et la libération des insolvables ; elle obtint la création du tribunat, qui vint en aide aux débiteurs maltraités.

Dans la suite, le législateur dut intervenir à maintes reprises pour dégrever les débiteurs obérés et réprimer les fraudes des usuriers. « *Sœpe obviam itum erat fraudibus,* dit Tacite, *quœ toties repressœ miras quasdam per artes rursum oriebantur.* » Tantôt il chercha à couper le mal à la racine, tantôt à en atténuer les fâcheux effets.

Parfois les lois votées en cette matière fixent le taux de l'intérêt (Loi des décemvirs, 8 1/3 %; Loi de 407, taux réduit à 6 %), parfois elles font remise totale ou partielle des dettes et concèdent des termes pour le paiement. (Loi Licinia Sextia de 377; Loi précitée de 407.) Parlerai-je de la création d'une banque populaire qui prêtait à un faible taux (4 1/6 %) ? Parfois par une mesure plus radicale on prohibait le prêt à intérêt ; c'était une mesure plus humaine qu'efficace ! (Loi Genucia de 412.) Si on ajoute à ces dispositions celles qui adoucirent la condition des *nexi* (Loi Pœtelia), on a un tableau abrégé de cette législation si complexe.

Elle fut inefficace : la situation s'aggravait. La classe moyenne tendait à disparaître ; le commerce était aux mains de grandes compagnies servies par des multitudes d'esclaves. La valeur du sol diminuait ; l'importation des blés d'Afrique, de Sicile, de Sardaigne, cultivés à meilleur compte dans des terres plus fertiles, fermait aux agriculteurs romains le marché même de Rome. L'emprunt était devenu plus que jamais nécessaire et malgré les lois et la surveillance des édiles le taux de l'argent était exorbitant. (*Vide* Plaute Curculio, vers 516; Epidicus, vers 52.)

Cette crise était devenue particulièrement grave au VIIme siècle de Rome. Les *latifundia* se créaient, la petite propriété disparaissait. Les patriciens, enrichis par la jouissance abusive des terres de l'*ager publicus* et par le travail de leurs esclaves, voyaient la richesse publique se concentrer entre leurs mains. C'est alors que le tribun Philippe prononça ce mot terrible : « Il n'y a pas dans Rome, deux mille individus qui possèdent. « *Non esse duo millia in civitate qui rem haberent*. (Cicéron, *de officiis*, 2, § 21.) Chassés de leurs domaines par l'usure, les pauvres affluaient à Rome, où le Sénat leur jetait un peu de blé pour pâture ; une grande partie du peuple romain vivait aux dépens du trésor.

Voilà pourquoi le législateur dut intervenir de nouveau ; trois lois, les lois Apuleia, Furia et Cicereia vinrent remédier à la triste situation des débiteurs engagés pour autrui. Ces lois améliorèrent la condition du *sponsor*, en la séparant de plus en plus de celle du *correus*.

On peut expliquer de deux façons la faveur faite aux cautions. On peut dire d'abord que le législateur ne vit dans ces réformes que l'application faite aux *sponsores* et aux *fidepromissores* des principes qui

avaient dominé toute la législation antérieure relative
à la question des dettes. C'était un cas particulier du
problème général qu'il avait cherché à résoudre.
Ainsi l'intention du législateur eût été de protéger
directement les cautions.

Que cette raison n'ait pas influé dans une large
mesure sur le vote de ces lois, c'est chose qu'on ne
saurait soutenir en présence des dispositions de la loi
Apuleia, mais peut-être une autre idée inspirait-elle
les Romains. Si on limitait le droit des créanciers
contre les *sponsores* et les *fidepromissores*, les capitalistes seraient moins disposés à prêter, vu la pré-
carité des garanties; on restreignait donc le crédit,
source de tant de maux. « La loi Furia, dit M. Labbé
(préface des *Inst. jur.* de Cuq) a réglementé la
sûreté personnelle de façon à l'annihiler au regard du
créancier, ou tout au moins à la rendre incertaine et
précaire. »

De ces deux considérations, la première inspira
principalement la loi Apuleia qui diminua le fardeau
dont les *sponsores* et *fidepromissores* étaient grevés,
sans porter une atteinte directe aux droits du créancier; la seconde prédomine dans la loi Furia, qui
s'attaque énergiquement aux droits du prêteur.

Voyons quel est l'ordre chronologique et le contenu
de ces lois; nous rechercherons ensuite les circonstances précises au milieu desquelles elles furent votées
et nous déterminerons leur date.

1° ORDRE CHRONOLOGIQUE. — Il ressort du para-
graphe 122 du *Commentaire* III de Gaius que la loi

Apuleia est antérieure à la loi Furia. « *Lex autem Apuleia ante legem Furiam lata est, quo tempore in solidum obligabantur : unde quœritur, an post legem Furiam adhuc legis Apuleiœ beneficium supersit.* » Quant à la loi Cicereia, elle n'a de sens qu'autant qu'elle est postérieure aux deux autres, dont elle est destinée à faciliter, voire même à assurer l'application.

2° ANALYSE DE CES DIVERSES LOIS. — α. *Loi Apuleia.* — Elle établit entre les *sponsores* et les *fidepromissores* une société de plein droit ; de la sorte, celui qui a payé au-delà de sa part virile obtient pour le surplus la répartition entre tous les autres par l'action *pro socio.* (Gaius, III, § 122.) « *Prœterea inter sponsores et fidepromissores lex Apuleia quamdam societatem introduxit, nam, si quis horum plus sua portione solverit, de eo quod amplius dederit, adversus ceteros actionem habet.* »

Ainsi le fardeau de la dette était réparti équitablement entre tous les *sponsores* et *fidepromissores* solvables. (Cf. C. Civil, Art. 2033.)

On s'écartait ainsi singulièrement des solutions admises en matière de solidarité. Entre *cosponsores* la société se présume, tandis que le *correus solvens* doit établir une communauté d'intérêts, s'il veut recourir contre les autres. (Arg. de la Loi 62, *pr. ad legem Falcidiam* ; Dig., XXXV-II.)

β. *La loi Furia* marque une atteinte grave aux droits du créancier contre les *sponsores* et *fidepromissores.* Cette loi ne s'appliquait qu'en Italie, où les troubles occasionnés par la crise des dettes étaient le plus violents. (Gaius, III, § 121.) « *Cum autem lex Furia tantum in Italia locum habeat.* » Elle contenait deux chefs animés du même esprit.

Tout d'abord, elle limitait à deux années l'obligation du *sponsor* et du *fidepromissor*. (Gaius, III, 121, § 1er.) « *Item sponsor et fidepromissor per legem Furiam biennio liberantur.* » Outre que la caution voyait son obligation perpétuelle devenir temporaire, cette disposition avait une autre conséquence, elle limitait le crédit. En effet, le créancier menacé de voir son droit s'évanouir poursuivait les garants avec une rigueur impitoyable. Or, si l'on songe que ces cautions étaient pour la plupart des parents et des amis, pour lesquels *spondere* s'imposait comme un *officium pietatis*, il est naturel de penser que chacun, avant de faire appel au crédit, devait réfléchir davantage. (Cf. Accarias, t. II, page 172.)

D'autre part, la loi Furia introduisait au profit des *sponsores* et *fidepromissores* le bénéfice de division.

Ce second chef créait une différence profonde entre les cautions et les *correi*. Jusqu'à cette loi, les *sponsores* étaient tenus au tout. N'avaient-ils pas promis *idem*? La formule d'obligation ne traduisait-elle pas exactement la solidarité de leur engagement? Gaius (III, § 122) exprime très nettement cette idée : « *Lex autem Apuleia ante legem Furiam lata est, quo tempore in solidum obligabantur.* » Désormais l'obligation du *correus* se distingua de celle du *sponsor* non seulement par une différence de degré (transmissibilité), mais encore par son essence ; le *correus* continua à être tenu au tout, le *sponsor* fut seulement tenu pour partie.

Cette division de l'obligation enleva dans une large mesure aux *Optimates* le moyen de tenir la plèbe dans leur dépendance. « Par la menace de faire supporter le fardeau de la dette à celui qu'il lui plairait de choisir, le prêteur avait tous les *sponsores* dans la main. » (Appleton, *loc. cit.*) La loi Apuleia avait rendu cette menace moins terrible, en donnant l'action *pro socio* au *sponsor solvens;* la loi Furia atteint le même but plus directement.

Si on se rappelle l'énergie quelque peu brutale de la législation des dettes, on ne s'étonnera pas de voir avec quelle rigueur la loi Furia limite le droit du créancier. Quel était l'effet de cette division? Il est utile de le déterminer, afin de comparer plus tard les procédés d'une loi politique exagérée dans son principe à la réforme si équitable et rationnelle à la fois d'Adrien. (Gaius, III, § 121, *in fine.*) A cette fin, reportons-nous au N° 121 du *Commentaire* III de Gaius : « *Et quotquot erunt numero eo tempore quo pecunia peti potest, in tot partes diducitur inter eos obligatio, et singuli viriles partes solvere tenentur.* » (Cbn. Gaius, IV-22.) De ces deux textes, on tire les trois règles suivantes :

1° La division s'opère *ipso jure* (elle résulte d'une loi) « *In tot partes diducitur inter eos obligatio* »; le créancier qui demanderait à l'un des *sponsores* le paiement de toute la dette commettrait une *plus petitio.*

2° La division se fait par parts viriles et pour le calcul de ces parts on tient compte du nombre des *sponsores* ou *fidepromissores* vivant au jour de l'échéance; partant le créancier supporte le risque des insolvabilités survenues « *Ante tempus quo pecunia peti potest* », résultat évidemment destiné à limiter le crédit, puisque la sécurité du créancier était en quelque sorte en raison inverse du nombre des cautions.

3° Chacun des *sponsores* ou *fidepromissores* n'étant débiteur que *pro parte virili*, si l'un d'eux vient à payer sur les poursuites du créancier au-delà de cette part, il pourra répéter l'excédent. (*Arg.* Gaius, IV, § 22.) Bien plus, s'il s'agit d'un *sponsor*, c'est-à-dire de la caution proprement romaine, son recours est armé d'une voie d'exécution énergique, la *manus injectio pro judicato* . « *Item lex Furia de sponsu* [*manus injectionem pro judicato dedit*] *adversus eum qui a sponsore plus quam virilem partem exegisset.* »

Je dois signaler l'interprétation originale donnée de la loi Furia de *sponsu* par M. d'Ihering (vol. IV, de l'*Esprit du Droit romain*, traduction, pages 108 et 113.) Aux yeux de l'auteur, la loi Furia est une *lex minus quam perfecta*. « *Minus quam perfecta lex est, quæ vetat aliquid fieri, et si factum sit non rescindit, sed pœnam injungit ei qui contra legem fecit,* » écrit Ulpien au début de ses *Regulæ*. Ces lois nous apparaissent comme une éclatante manifestation de l'esprit conservateur des Romains. Dans l'espèce, le créancier pouvait demander à l'une des

cautions la totalité de la dette, le principe de l'obligation au tout subsistait; mais le *sponsor*, auquel le
créancier avait réclamé plus que sa part, avait contre
lui un recours énergique. La *lex* Furia (Gaius IV,
22) ordonne au créancier de diviser ses poursuites ;
en cas de contravention, elle accorde à la caution, qui
a dû payer plus que sa part, la *manus injectio*. Gaius
seul nous renseigne sur la loi Furia, sans mentionner
toutefois si cette action tendait au quadruple; mais
on n'est pas autorisé par son silence à conclure qu'elle
n'y tendait pas. Gaius ne parle pas de la peine du
quadruple à l'occasion de la *lex* Furia *testamentaria*
(IV, 23), et cependant nous savons de source certaine
qu'elle existait. (Ulpien, *Regulæ, in principio*.) La
manus injectio accordée au *sponsor* est, suivant un
terme consacré, une défense à forme d'action.

En fait, les résultats des deux systèmes diffèrent
peu; la menace d'une peine du quadruple plus encore
que celle d'une *plus petitio* déterminera le créancier
à diviser ses poursuites. Gaius, à notre avis, semble
confirmer la première thèse (III, § 122.). « *Lex autem
Apuleia ante legem Furiam lata est, quo tempore
in solidum obligabantur.* » N'est-on pas autorisé à
conclure *a contrario* que depuis le vote de la loi Furia,
les *sponsores* ne sont plus obligés au tout et que la
division de la dette s'opère entre eux *ipso jure* ?

γ. *Loi Cicereia*. — La loi Cicereia votée sous la
pression des mêmes besoins est comme le couronne-
ment de la législation antérieure dont elle facilite ou
plutôt assure l'application.(Gaius, III, § 123.) Cette

loi impose au créancier qui va recevoir des *sponsores* ou des *fidepromissores* l'obligation de « *prædicere palam et declarare, et de qua re satis accipiat* (montant de l'obligation garantie) *et quot sponsores aut fidepromissores in eam obligationem accepturus sit*. » Cette disposition n'édicte pas directement la nullité de l'obligation, si la *prædictio* n'a pas eu lieu, mais elle ouvre aux cautions la voie du *præjudicium*, afin d'obtenir leur libération. Dans les trente jours, celles-ci peuvent *postulare præjudicium*, et dans l'instance engagée, le juge n'a qu'un seul point à vérifier « *an ex lege prædictum sit*. » S'il est jugé que la *prædictio* n'a pas eu lieu, les cautions sont libérées.

La loi Cicereia facilite tout d'abord le recours du *solvens* par l'action *pro socio* exercée en vertu de la loi Apuleia. La caution qui a payé saura exactement et le montant du recours et le nombre de ceux contre qui elle peut agir.

D'autre part, la loi Cicereia assurait le respect de la loi Furia. Celle-ci faisait peser sur le créancier le risque de l'insolvabilité des cautions survenue avant l'échéance, en l'obligeant à diviser ses poursuites. Ne serait-il pas tenté de dissimuler le nombre véritable des garants, surtout si quelques-uns étaient devenus insolvables, et de faire supporter l'intégralité de la dette à celui qu'il lui plairait de choisir ? Comment le *sponsor* poursuivi pourrait-il contester la demande du créancier ? Les cautions non poursuivies se garderaient bien de protester. Sans doute la *manus in-*

jectio pro judicato donnée au *sponsor* contre celui
qui plus quam virilem partem exegisset, était de
nature à faire réfléchir le créancier et à le détourner
de la fraude; mais cette disposition était inapplicable
au *fidepromissor* et de plus l'exercice de la *manus
injectio* supposait la preuve souvent difficile de la
fraude. Au moyen répressif de la loi Furia, la loi
Cicereia substitua un moyen préventif plus efficace.
Le *sponsor* ou *fidepromissor*, connaissant désormais
le nombre de ses coobligés, ne pouvait plus être poursuivi *ultra virilem partem*.

Ce qu'il y a de particulièrement curieux dans cette
loi Cicereia, c'est qu'elle contient le germe d'un principe nouveau. Elle marque le point de départ d'une
réaction contre le caractère unilatéral du cautionnement.

Le *sponsor* et le *fidepromissor* s'engagent par la
stipulation, contrat par essence unilatéral et *stricti
juris*. Seul le débiteur promet; le créancier stipulant
n'est tenu à rien. Voilà pourquoi, même si le débiteur
principal est évidemment solvable, le créancier peut
directement poursuivre la caution. Or, la loi Cicereia
impose une obligation positive au créancier, celle de
prædicere palam. Nous verrons dans la suite cette
réaction contre le caractère unilatéral primitif du
cautionnement s'accuser de plus en plus ; de là sortiront
le bénéfice de cession d'actions, de division, de discussion reconnus successivement au fidéjusseur. Elle
sera favorisée d'ailleurs par l'introduction d'une forme
plus équitable de cautionnement, le *mandatum cre-*

dendæ pecuniæ, contrat synallagmatique et de bonne foi. Qu'il nous suffise d'avoir indiqué cette manifestation légère d'un esprit nouveau.

3° Après cet examen préliminaire des lois Apuleia, Furia et Cicereia, il nous reste à établir à quelle époque elles furent portées et au milieu de quelles circonstances particulières.

· Les trois lois Apuleia, Furia et Cicereia forment un système bien lié; elles furent votées sous la même inspiration.

On a proposé pour la loi Apuleia la date de 364. Il y eut en cette année un tribun de la plèbe appelé L. Apuleius. (Tite Live, V, 32.) La loi Apuleia ne serait-elle pas un plébiscite voté sur sa proposition? Cette date est inadmissible. Gaius (III, §§ 121 et 122) nous dit que la loi Apuleia était applicable dans les provinces à la différence de la loi Furia « *quæ tantum in Italia locum habet.* » Or, en 364, année de la prise de la ville par les Gaulois, Rome était loin d'avoir soumis toute l'Italie. La première province romaine, la Sicile, fut réduite en 512.

Nous croyons, suivant les conclusions de M. Appleton (*Nouv. Rev. hist.*, 1876, p. 555), que cette loi est de 652 ou 654. Nous avons établi que la crise sociale provoquée par la question des dettes avait atteint toute son intensité au VIIme siècle de Rome. Or, à cette époque (du IVme au VIme Consulat de Marius), vivait un fameux démagogue, le tribun Apuleius Saturninus, qui fit exiler Q. Cæcilius Metellus. Ce tribun avait été l'auxiliaire de Marius, contribuant à lui assurer son quatrième consulat, renouvelant la loi de Caius Gracchus pour les distributions de blé au peuple ou proposant des distributions de terres aux citoyens pauvres et aux vétérans de Marius. Cet agitateur populaire, deux fois tribun, ne serait-il pas l'auteur de la loi Apuleia ?

La loi Furia apparaît comme le complément de la loi Apuleia et, en vérité, elle fut l'œuvre d'un ami, je dirais presque d'un continuateur d'Apuleius, qui gouverna Rome de 651 à 654. Cet Apuleius avait pour collègue au tribunat un certain Publius Furius, qui, après la mort d'Apuleius, joua un assez grand rôle. Il combattit le rappel de Metellus, mais accusé par les partisans de celui-ci, il fut massacré en 655. La loi Furia fut donc portée, au plus tard, en 655.

Quant à la loi Cicereia, elle se place dans l'intervalle de l'année 655 à l'année 666 ou 673, date de la loi Cornelia. En effet, la loi Cicereia ne parle pas des fidéjusseurs qui sont mentionnés, pour la première fois, par la loi Cornelia. (Gaius, C. III, 124.) « *Sed beneficium legis Corneliæ omnibus commune est.* »

Cependant, contre notre thèse, deux objections se dressent :

1° La loi Furia réserve au *sponsor* à qui le créancier aurait demandé au-delà de sa part virile la *manus injectio pro judicato*. (Gaius, IV, § 22.) Or, une loi Vallia (Gaius, IV, § 25) que l'on plaçait en 412, avait transformé la *manus injectio pro judicato* en *manus injectio pura* « *excepto judicato et eo pro quo depensum est.* » La date assignée à la loi Vallia est

évidemment fausse. L'inscription de Lucera, étudiée
par M. Caillemer, inscription qui, d'après l'épigraphie,
date du VIme siècle, nous autorise à rejeter la date
de 412.

« *In hoc loco stercus ne quis fundito, neve
cadaver projicito, neve parentato. Si quis adversus
hæc fecerit, in eum ei qui volet pro judicato
nummum L. manus injectio esto.* »

2° La *manus injectio*, dit M. Accarias, dut disparaître par l'effet même de la loi Aebutia. Cette loi est
placée en général en l'année 577 ou 583 ; la loi Furia
ne saurait donc être de l'année 655. Même si on
accepte la date de 583, cette nouvelle objection ne
porterait pas [1]. La loi Aebutia n'abolit pas entièrement le système des *legis actiones*, la *manus injectio*
lui survécut [2], comme le prouve le texte de la *lex
coloniæ Genetivæ* de 710 (Jules-César), qui fait encore
mention de la *manus injectio judicati*. Nous main-
tenons donc nos conclusions sur la date des lois
Apuleia, Furia, Cicereia.

---

[1] Sur la date de la loi Aebutia, consultez la monographie
de M. Girard. (*Nouv. Rev. hist. de droit*, t. XIII, 1889,
page 299.)

[2] *Sic.* M. Pierron, à son cours des sources du droit
romain, année 1892.

CHAPITRE CINQUIÈME.

NAISSANCE DE LA FIDÉJUSSION.

« Dans l'histoire de la législation romaine, malgré l'admiration qu'elle excite, des déviations de la saine logique se montrent », écrit M. Labbé (préface citée). La loi Furia est, à ses yeux, un exemple frappant « de ces déviations. » A vrai dire, elle avait ruiné le crédit. D'une part, le créancier, dans la crainte de voir les sûretés fournies s'évanouir *(biennio)* devait se montrer fort rigoureux dans les poursuites, et les *adpromissores* redoutant ces rigueurs devenaient rares ; d'autre part, le capitaliste, en présence des garanties incertaines et précaires qu'on lui offrait, préférait souvent s'abstenir de traiter. Or, c'est une loi vérifiée par l'histoire, que tout besoin impérieux, violemment comprimé, tend à se faire jour en dépit du législateur. M. Beudant l'a fort bien démontré dans son article sur les sous-ordres et la subrogation hypothécaire. Le crédit est un de ces besoins impérieux, un organe essentiel, sans lequel une société civilisée ne peut fonctionner normalement. Sous la pression de ce besoin, les débiteurs désireux de se procurer des ressources (mieux vaut exposer ses cautions aux rigueurs de l'exécution que d'être dénué de ressources) d'accord avec les créanciers, imaginèrent un détour.

A l'énergie de la loi, ils opposèrent l'énergie de la formule. C'est ici qu'apparaît toute la force latente dans le formalisme; il porte en lui-même le principe de progrès indéfinis; il est assez souple pour se plier aux exigences nouvelles de la vie juridique et économique. De l'effort de la pratique naquit la fidéjussion. Mais, comme il arrive souvent, la réaction fut exagérée et la fidéjussion nous ramène au temps où le cautionnement et la solidarité étaient confondus. Peut-être le formalisme n'est-il pas assez flexible pour traduire, dès l'origine, les nuances de la pensée juridique. L'obligation de la caution apparut, dépouillée quant à ses effets du caractère accessoire, qu'une évolution de plusieurs siècles avait tendu à lui imprimer. Nous avons parcouru un cercle. Essayons de justifier notre thèse.

Confusion nouvelle de la solidarité et du cautionnement.

La fidéjussion marque une confusion nouvelle de la solidarité et du cautionnement.

Elle est solidaire quant à ses effets, accessoire seulement quant aux conditions de sa naissance et de son extinction.

Tout d'abord, le fidéjusseur à l'origine ne jouit pas du bénéfice de discussion; le créancier peut, à son gré, poursuivre le véritable intéressé ou la caution.

S'il y a plusieurs fidéjusseurs, le créancier peut

demander à l'un d'eux le paiement intégral de la dette, ce qui est de l'essence de la solidarité.

Cependant, à certains égards, le caractère accessoire de la fidéjussion est sensible. Elle suppose l'existence d'une obligation principale au moins valable *jure naturali* (Gaius, C. III, 119, § 2) et s'éteint par toute cause d'extinction de l'obligation principale qui ne laisse pas subsister une obligation naturelle. Il nous faut, maintenant, rechercher l'origine de la fidéjussion.

Origine de la fidéjussion. — Sa formule.

La fidéjussion fut introduite dans l'intervalle qui sépare les lois Apuleia, Furia et Cicereia, muettes sur cette forme de cautionner, de la loi Cornelia qui en parle pour la première fois. On voulut échapper aux restrictions que la loi Furia avait établies [1]. Cette loi n'avait visé que deux formules ; on ne pouvait songer à l'étendre à une formule nouvelle. L'interprétation stricte des lois est de l'essence du

---

[1] De même qu'on échappa aux règles gênantes sur les legs en créant les fidéicommis, de même on a pu tenter d'échapper aux règles de la loi Furia au moyen de la *fidejussio*, c'est-à-dire en plaçant toute confiance dans la conscience et la loyauté *(fides)* du débiteur. (Ihering, t. IV, page 114, note 166.).

formalisme dont le droit ne s'était pas encore dégagé à notre époque. (*Vide* sur cette interprétation Ihering, t. III, page 148 et sq.)

Quelle est la formule de la fidéjussion? (Gaius, III, 116.) *Fidejussor ita interrogatur :* « *Idem fide tua esse jubes ?* » Cette formule créée, on l'interpréta suivant sa teneur. Le fidéjusseur promettait *idem* ; son obligation fut traitée comme principale : cela ressort de plusieurs textes. (L. 4, § 1 *de fidej ;* D. XLVI, 1). « *Fidejussor et ipse obligatur, et heredem obligatum relinquit, cum rei locum obtineat.* » Le fragment 116 *de verborum obligationibus* (D. XLV, 1) dit en opposant les *fidejussores indemnitatis* aux autres fidéjusseurs « *non enim sunt duo rei ejusdem obligationis Mœvius et Titius* [1]*,* » c'est reconnaître implicitement que le véritable intéressé et le fidéjusseur ordinaire sont considérés comme des *duo rei.*

M. Appleton a donné des effets énergiques de la formule *Fidejubesne ?* une intéressante explication.

« La fidéjussion, dit-il, n'est qu'un mandat impératif donné *verbis*, engendrant une action rigoureuse [2]. » C'est un ordre donné au créancier d'accepter l'engagement du débiteur, qui met, dès à présent, les risques de l'opération à la charge de celui qui l'a commandée.

Voilà pourquoi les textes mettent en relief le

---

[1] L'un est le véritable intéressé, l'autre la caution.

[2] *Loc. cit.*

caractère que présente la fidéjussion de pouvoir précéder l'obligation principale. (*Inst.*, L. III, t. XX, 3 ; Ulpien, L. 6, *De Fidejussoribus*, 46, 1.) « *Adhiberi autem fidéjussor potest tam futuræ quam præcedenti obligationi.* » A l'inverse, on retrouve chez les jurisconsultes romains le vestige d'une ancienne discussion sur le point de savoir, si le fidéjusseur peut valablement accéder à une obligation préexistante. (*Vide* loi 6 *de fidej.* précitée.)

Si le fidéjusseur était l'instigateur du contrat, on n'a pas de peine à comprendre qu'il fût tenu principalement.

L'action *quod jussu* paraît même avoir été l'origine de la fidéjussion. Lorsque avec le *jussus* du *paterfamilias*, l'esclave ou le fils de famille ont contracté, le *paterfamilias* est tenu *in solidum et in perpetuum* des obligations de ceux-ci. Le *jussus* est une déclaration de prise de responsabilité « *Negotium gere periculo meo.* » « *Jus habeo.* » Je consens à ce que ces actes produisent effet contre moi. Ce *jussus* revêtu d'une formule solennelle, accompagné d'une attestation qui le met « sous la garantie sacrée de la *bona fides* romaine, » est la fidéjussion, mode civil de cautionnement.

Supériorité de la fidéjussion envisagée comme instrument de crédit.

L'énergie des effets de la fidéjussion n'est pas la seule raison de sa supériorité économique sur la *sponsio* et la *fidepromissio*. A deux autres points de vue, elle est un instrument de crédit perfectionné.

α. L'obligation du fidéjusseur est perpétuelle et transmissible à ses héritiers. (Gaius, III, 120, §§ 1 et 2.) Une transformation s'est produite dans la nature du cautionnement ; il n'est plus comme autrefois une déclaration d'honorabilité du débiteur principal, partant essentiellement personnelle à son auteur. L'élément pécuniaire du cautionnement prédomine sur l'élément moral

β. La fidéjussion est plus souple que la *sponsio* et la *fidepromissio,* car elle peut accéder à toutes sortes d'obligations, tandis que les deux modes originaires ne pouvaient accéder qu'à des obligations nées *verbis*. (Gaius, III, 119, §§ 1 et 2.) Sans doute une stipulation *novandi causa* peut ramener une obligation quelconque au type verbal, mais une telle stipulation suppose le débiteur présent et capable.

La solution admise pour la *sponsio* et la *fidepromissio* est le produit d'un formalisme exagéré. L'obligation de garantie doit être identique à l'obligation principale ; les prudents s'imaginèrent que cette identité devait s'entendre non seulement de l'objet, mais de la cause (forme). On ne connaissait que des modes verbaux de garantie ; on conclut que les obligations verbales pouvaient seules être cautionnées.

Or, la fidéjussion s'analysant en un ordre de contracter donné au créancier, la même difficulté ne dut pas se présenter. Peu importait la nature de l'obligation à naître à la validité de ce *jussus* formel.

Cette supériorité économique de la fidéjussion en-
traîna nécessairement, en vertu de la loi de la concurrence vitale, la désuétude progressive de la *sponsio*
et de la *fidepromissio*, comme l'introduction de la
tradition avait provoqué la disparition de la mancipa-
tion. La *sponsio* et la *fidepromissio* s'évanouirent
avec le formalisme dont elles étaient une production
originale. Vivantes encore au temps de Gaius (C., III,
§ 117), elles ne devaient plus guère, au temps de ce
jurisconsulte, être en usage ; à l'époque de Justinien,
elles n'étaient plus qu'un souvenir historique.

CHAPITRE SIXIÈME

LOI CORNELIA. — LA SOLIDARITÉ EST EMPLOYÉE A UNE FIN NOUVELLE

Nous devrions maintenant rechercher comment le cautionnement (*fidejussio*) et la solidarité, de nouveau confondus quant à leurs effets, tendirent de nouveau à se séparer, mais nous rencontrons sur notre chemin une loi dont il importe de rechercher l'origine et la portée, la loi Cornelia, qui exerça une grande influence sur le développement des deux institutions dont nous avons entrepris l'histoire comparée.

Gaius (C. III, 124) nous donne l'analyse des dispositions de la loi Cornelia : « *Qua lege idem pro eodem, apud eumdem, eodem anno vetatur in ampliorem summam obligari creditæ pecuniæ quam in XX millium* » (environ quatre mille francs).

Cette loi Cornelia doit être placée à l'une des deux époques de la législation Cornélienne (666, année du premier Consulat de Sylla, ou 673, date de sa dictature)[1].

---

[1] *Vide* sur ce point Mommsen, *Histoire romaine*, trad., V, p. 248, 354 et sq.

Quel est le but véritable de cette loi? On n'est pas d'accord sur ce point. Quelques auteurs (*sic*, Appleton, *loc. cit.*) donnent à la loi Cornelia un caractère tout différent de celui de la loi Furia. Cette loi, dit-on, n'a pas souci de la plèbe; elle ne concerne pas les petites dettes, un plébéien indigent n'emprunte pas du coup 20,000 sesterces. Une loi portée par le destructeur de la puissance tribunitienne peut-elle être favorable à la plèbe?

Pour comprendre le caractère de la loi Cornelia, il faut se rappeler que, dans les idées romaines anciennes, cautionner est un *officium pietatis*, qu'un ami ne peut refuser à un ami, obligatoire à plus forte raison pour les clients ou les parents. (*Arg.*, Horace, *Sat.* II, 6; *Lettres ad* Att., livre 12, lettre 17.)

« La loi Cornelia vient au secours de ceux qui auraient été trop polis pour refuser un service d'ami; elle arrête les indiscrets et tempère l'abus. » (Appleton, *eodem loco*.)

Cette argumentation ne me paraît pas décisive : on nie tout d'abord qu'une loi votée par Sylla puisse être favorable à la plèbe; cela n'est pas évident. Le même Sylla, afin de sembler faire quelque chose pour les pauvres, ne confirma-t-il pas la loi de Valerius Flaccus, qui abolissait les dettes d'un quart? Ne baissa-t-il pas aussi le prix des denrées? (Duruy, t. II, p. 258.)

Un plébéien, ajoute-t-on, n'emprunte pas d'un coup 20,000 sesterces. Mais ne devait-on pas, à peine de ruiner totalement le crédit, ce qui eût été désas-

treux, fixer une limite inférieure au-dessous de laquelle
le cautionnement serait possible? Ceux qui sont absolument dénués de ressources ne recourent guère au
crédit. Ne peut-on pas imaginer plusieurs hypothèses
(achat d'un petit fonds de commerce, d'ustensiles
aratoires ou de bestiaux), où des plébéiens emprun-
taient des sommes égales ou supérieures à 4,000 francs
de monnaie actuelle?

Pour nous, la loi Cornelia paraît avoir été inspirée
par le désir de limiter le crédit. La crise sociale était
si intense, qu'un aristocrate comme Sylla fut obligé
d'intervenir. La loi Furia avait divisé la dette entre les
cautions; afin d'en éluder les dispositions, la pratique
avait imaginé la fidéjussion. Sylla, cédant aux mêmes
nécessités que Furius, limita le crédit par un procédé
nouveau dont la généralité abstraite atteignait non
seulement la fidéjussion, mais toute autre forme de
cautionnement. (Gaius, C. III, 124, *in principio*.)
On comprend à merveille dans notre système que la
loi Cornelia ne fût applicable que dans l'hypothèse
d'une obligation principale contractuelle et ayant une
existence certaine, *creditum*. (Gaius, III, § 124.)

A quelle époque et comment la loi Cornelia dis-
parut-elle? Il est difficile de le déterminer. Elle était
encore en vigueur au temps de Gaius qui vivait sous
Antonin-le-Pieux et sous Marc-Aurèle, mais dans la
compilation de Justinien, il n'en reste pas le moindre
vestige. Elle dut disparaître sous l'influence des idées
nouvelles, favorables au développement du crédit, qui
inspirèrent la jurisprudence des premiers siècles de

l'Empire, peu de temps sans doute après la rédaction des Commentaires de Gaius. Ainsi la fidéjussion reprit son développement normal. S'il en eût été autrement, la fidéjussion, incapable de satisfaire aux besoins d'un crédit étendu, fût restée en dehors de la pratique, et les jurisconsultes de l'époque classique ne l'auraient pas réglementée si minutieusement.

Influence de la loi Cornelia sur l'évolution comparée de la fidéjussion et de la solidarité.

Tant que la loi Cornelia subsista, la fidéjussion ne put être employée utilement que pour les petites dettes. Pour garantir les dettes importantes (ce devait être une opération fréquente dans une société où à côté de l'extrême misère, on voyait l'extrême opulence) par la fidéjussion, il eût fallu employer autant de cautions que la dette comprenait de fractions de 20.000 sesterces. Le crédit ne saurait se plier à de telles complications. Ne voit-on pas quelles multiples poursuites le créancier aurait dû engager pour n'obtenir encore que des paiements partiels ? Ajoutez à ces inconvénients les risques nombreux d'insolvabilité qui auraient pesé sur le créancier. Quand César, appelé au gouvernement de l'Espagne ultérieure, se fit cautionner par Crassus, pour que ses créanciers le laissassent partir, il eût dû fournir 1.200 fidéjusseurs.

Comment les Romains reconstituèrent-ils le crédit

ébranlé par la loi Cornelia ? Ils ne purent demander
aux sûretés réelles un service que les sûretés personnelles n'étaient pas en état de leur rendre. Les sûretés
réelles avaient une organisation trop rudimentaire
pour qu'on les considérât comme un instrument utile
de crédit.

La fiducie impliquait une aliénation, et même
lorsqu'elle fut devenue civilement obligatoire, elle fit
encore courir au débiteur un risque assez grave.
Réduit à une simple action personnelle, pour reprendre après paiement l'objet aliéné, le débiteur ne
pouvait invoquer ni droit de préférence ni droit de
suite.

Le *Pignus* ne conférait encore qu'un simple droit
de rétention, mais non le droit de vendre. L'hypothèque n'était pas alors entrée dans la pratique.

On ne pouvait songer à créer une formule nouvelle
d'engagement pour autrui, elle fût tombée sous le
le coup de la loi Cornelia, à raison de la généralité
de la règle (Gaius, C. 3, 124), arg. des mots « *vetatur
pro eodem obligari.* » Le *Pactum de constituta
pecunia* [1], le *mandatum credendæ pecuniæ*, n'auraient sans doute pas échappé à la loi Cornelia, dont
le texte statuait « *in rem.* »

La pratique romaine eut recours à la solidarité
pour réaliser l'obligation de garantie.

---

[1] Le Constitut date au moins de l'époque d'Auguste.
(*Vide* L. 3, § 2 *de Pecunia constituta*, texte de Labéon.)

Nous avons des preuves certaines de cette proposition. Elle explique la fréquence de l'engagement solidaire contracté *verbis*. L'expression technique pour désigner les codébiteurs solidaires est celle de *duo rei promittendi*. Parle-t-on de débiteurs solidaires non engagés *verbis*, on les appelle « *quasi ou veluti duo rei promittendi*. » Les textes prennent la peine de dire que la corréalité peut naître d'un contrat non verbal.(L. 16, de leg., 2° ; D. XXXI. Cf. loi 9 pr. *de duobus reis*). « La stipulation corréale était, dit M. Hauriou, le cas type de l'engagement solidaire. »

D'autre part, l'existence de *correi non socii*, c'est-à-dire non intéressés tous à la même opération, découle tout naturellement de notre thèse. On trouve un exemple de corréalité sans *societas* dans la loi 62 *ad legem Falcidiam*. Quand l'un des *correi promittendi* meurt laissant des legs et qu'il s'agit de calculer la quarte Falcidie, faut-il compter la dette corréale dans le passif du défunt? La solution varie suivant qu'il y a ou non société entre les *correi*. La loi 4 au Code (8-40) nous fournit une preuve directe de cet emploi de la solidarité comme mode de cautionnement. « *Propter mutuam uni datam pecuniam, aliis reis promittendi factis.*» Dans cette hypothèse, le *mutuum* fait à une personne est garanti par d'autres qui se portent *correi ;* nous sommes en présence d'un véritable engagement pour autrui. M. Appleton (*loc. cit.*) conjecture que Crassus dût employer la forme corréale pour cautionner César, à moins qu'ayant des banquiers à ses ordres, il n'ait usé du *receptum*.

La loi Cornelia eut donc pour effet direct d'élargir le domaine d'application de la solidarité. Jusqu'à cette loi, elle avait servi uniquement de moyen de crédit mutuel entre personnes intéressées à une même affaire ; on ne connaissait que des *correi socii*, qui, sur l'exercice de l'action *pro socio* répartissaient entre tous, le montant de la dette acquittée par l'un d'eux. La loi Cornelia provoqua la naissance des *correi non socii*, véritables cautions [1], la solidarité fut utilisée pour une fin nouvelle; en ce sens, il est vrai de dire avec M. Hauriou, que la solidarité est une forme perfectionnée du cautionnement. Si on rejette notre thèse, si on considère la solidarité comme ayant joué le rôle de garantie de la dette d'autrui avant la loi Cornelia, on explique difficilement la naissance de la fidéjussion dont les effets à l'origine sont, pour ainsi dire, identiques à ceux de la solidarité. Serait-ce conforme à la loi d'économie qui domine toute la technique romaine ?

Ce qui prouve que la solidarité servit d'abord de moyen de crédit mutuel et réciproque entre personnes intéressées à une même affaire, avant d'être utilisée comme mode de cautionnement, c'est-à-dire de garantie d'une dette par des personnes non intéressées, c'est le refus de l'action *negotiorum gestorum* à celui qui a payé et n'est réuni aux autres codébiteurs solidaires

---

[1] Les *correi non socii* ont l'action *mandati* contre le véritable intéressé pour se faire indemniser.

par aucun lien de société [1]. Voici comment nous expliquons cette particularité.

On considère, à l'origine, le codébiteur solidaire comme intéressé au paiement de la dette ; il n'a pu séparer son intérêt de celui des autres coobligés (principe de la solidarité familiale d'obligation), partant il ne saurait se prétendre gérant d'affaires. Primitivement tous les *correi* étaient *socii*.

A l'inverse, il est possible qu'un fidéjusseur, qui s'est engagé spontanément puisse exercer l'action *negotiorum gestorum contraria*. La formule *fidejubesne idem ?* permet d'établir suffisamment que le fidéjusseur intervient au nom et dans l'intérêt d'autrui.

Plus tard, quand on vit apparaître les *correi non socii* et quand on employa la solidarité comme mode de cautionnement, on conserva l'ancienne règle sans voir qu'elle ne répondait plus à la réalité des choses. Le *correus* invoquait-il sa qualité de gérant d'affaires, on lui répondait : « Vous n'avez pas pu, la formule de votre engagement en fait foi, séparer votre intérêt de celui des autres débiteurs, l'action *negotiorum gestorum contraria* vous est refusée » (Cf. sur les conditions de recevabilité de cette action, Accarias, t. II, p. 424 ; Cf., L. 6, §§ 2 et 7 ; Comm.

---

[1] Cette solution est acceptée par la majorité des romanistes, notamment par M. Gérardin, dans son article sur la solidarité (page 151 et 152, *Nouvelle Revue historique*, année 1885) ; elle résulte du silence des textes et des principes de la gestion d'affaires.

div. X, III.) Le refus de l'action *negotiorum ges-*
torum survécut à la cause qui l'avait produit, comme
un curieux vestige de la fonction primitive unique de
la solidarité.

Au reste, le codébiteur solidaire qui s'engageait
non plus *in rem communem*, mais *in rem alienam*,
n'avait qu'à se faire donner mandat et l'action *man-*
dati contraria lui assurait un recours efficace.

Conclusions de l'étude de notre première période.

La solidarité existe seule à l'origine, elle est la
conséquence nécessaire de la communauté familiale.
Le droit est collectif, non individuel. Le cautionnement est incompatible avec une telle organisation
sociale.

Le cautionnement est le produit naturel de l'évolution familiale, qui relâche les liens qui rattachaient
les membres du groupe, et substitue à la vieille solidarité d'obligation le devoir mutuel d'assistance.

Le cautionnement n'est, à sa naissance, qu'une
solidarité un peu atténuée ; il se distingue à peine de
l'institution souche par l'intransmissibilité de l'obligation aux héritiers et une légère différence de formule.

Le développement du droit individuel, l'atténuation
des rigueurs du formalisme préparent la séparation
de nos deux institutions ; la question des dettes la pré-

cipite. La condition du *sponsor* et du *fidepromissor*
est adoucie à tel point, qu'ils cessent d'être des instruments utiles de crédit.

Une réaction brusque suit de près la loi Furia dont
le caractère radical exaspère les créanciers. A l'énergie de la loi ils opposent l'énergie de la formule, et
de cet effort naît la fidéjussion dont la conception
réalise une nouvelle confusion, presque totale, du
cautionnement et de la solidarité.

La loi Furia provoque un retour au point de départ;
les progrès accomplis au cours de plusieurs siècles
sont anéantis. Il faudra une nouvelle marche en avant
vers l'équité, un nouvel effort pour regagner le terrain
perdu.

Nouvelle intervention du législateur. — La fidéjussion voit son importance considérablement diminuée
par la loi Cornelia; pour les dettes supérieures à
20,000 sesterces, elle est remplacée par la solidarité
pure dont le domaine d'application s'élargit. La solidarité est désormais non seulement un moyen de crédit
mutuel entre cointéressés, mais une forme de cautionnement perfectionnée.

DEUXIÈME PARTIE

> » Le Droit romain suit en gé-
> néral une pente douce mais con-
> tinue, qui du formalisme et des
> rigueurs des anciens âges nous
> mène à une législation plus équi-
> table et moins sévère. »

Notre seconde période est l'image de la première.
A l'origine, la solidarité et le cautionnement sont
confondus quant à leurs effets, mais à la fin de cette
période le cautionnement a reçu une constitution qui
lui est propre, en dehors de la solidarité. A l'origine,
l'obligation du fidéjusseur est au regard du créancier
une obligation principale ; sous Justinien elle présente
un caractère nettement accessoire. Comment ce caractère fut-il progressivement imprimé à la fidéjussion ?

Pour expliquer précédemment la séparation de la
corréalité et de la *sponsio*, nous invoquions deux causes
principales. Ces deux causes étaient le développement du droit individuel d'une part, et la question des
dettes d'autre part. Elles ne paraissent pas s'être
exercées pendant notre période. A la fin de la République, le lien gentilice était rompu, le lien agnatique
s'était relâché ; l'individu avait conquis l'autonomie
juridique. Les lois Apuleia et Furia étaient nées d'une
crise sociale dont l'intensité tendait à s'amoindrir.

6

Les guerres civiles, par les dévastations du territoire dont elles étaient l'occasion, par l'insécurité qu'elles faisaient régner dans l'agriculture et le commerce, par les violences enfin dont elles avaient été marquées, avaient amené l'appauvrissement général. Le recours au crédit était ruineux pour les emprunteurs, car n'ayant qu'un gage incertain et précaire à offrir aux usuriers, ils devaient subir les conditions onéreuses que les capitalistes leur imposaient et un taux d'intérêt exorbitant. Aussi le législateur avait-il cherché à limiter le crédit plutôt qu'à en favoriser le développement. L'établissement de l'Empire marque le point de départ d'une ère nouvelle. Auguste s'efforça de rétablir l'ordre et la tranquillité, de restaurer l'agriculture. Le commerce et l'industrie reçurent une impulsion vigoureuse. Partant loin de limiter le crédit, devenu indispensable de dangereux qu'il était, on chercha plutôt à le développer comme le prouvent l'extension donnée au pacte de constitut, forme de crédit perfectionnée et l'introduction du *mandatum credendæ pecuniæ*.

Mais si les deux causes principales de la distinction progressive de la solidarité et du cautionnement, au cours de notre première période, avaient perdu leur importance, la raison accessoire, atténuation du formalisme, que nous avons invoquée, allait voir son influence s'accroître singulièrement. Avec les progrès de l'analyse juridique, elle explique parfaitement la séparation nouvelle du cautionnement et de la solidarité.

Le formalisme est la prédominance de la forme sur

le fond, de l'élément extérieur sur l'élément intentionnel ou plutôt la méconnaissance de l'intention, toutes les fois qu'elle n'est pas coulée dans un moule prédéterminé. Le développement des transactions et des relations internationales, le progrès de la pensée juridique plus complexe et plus variée de jour en jour dans ses manifestations, l'influence croissante de l'équité préparèrent l'atténuation, puis l'abrogation du formalisme, devenu insupportable.

Les jurisconsultes aperçurent alors les différences que la fidéjussion et la solidarité présentaient dans leur essence même. Sans doute, le fidéjusseur avait promis *idem*, mais avait-il jamais eu l'intention de donner la même énergie à son obligation qu'un codébiteur solidaire ? Son engagement n'était-il pas en substance un engagement accessoire, qu'il fallait traiter comme tel avec moins de rigueur ?

La fidéjussion était un contrat solennel, unilatéral et *stricti juris*. Le créancier n'avait rien promis, il ne pouvait être grevé d'aucune obligation. Quand la rigueur du formalisme s'adoucit, on apporta des restrictions successives au principe primitif. Le créancier fut tenu de certains devoirs que le droit ancien ne connaissait pas et dont l'accomplissement, fort avantageux pour le fidéjusseur, ne préjudiciait pas au créancier. La pratique, d'abord timide, fut soutenue dans cette lutte pour l'équité par les jurisconsultes dont l'analyse pénétrante s'appliqua également à dégager le caractère accessoire de la fidéjussion et à déduire les conséquences de ce principe. C'est à eux qu'est due l'étude minutieuse des conditions d'existence et des causes d'extinction de la fidéjussion.

De l'effort combiné de la jurisprudence et des jurisconsultes dérivent les bénéfices du fidéjusseur (cession d'actions, division, discussion); mais l'activité de ces deux organes s'exerça avec une mesure, une raison éclairée, dont les lois anciennes Furia et Cornelia s'étaient trop écartées et favorisa le développement de la fidéjussion, en cherchant à concilier les droits du créancier avec les intérêts légitimes du débiteur, les principes du droit avec les exigences de l'équité.

PLAN DE L'ÉTUDE DE LA SECONDE PÉRIODE.

1° Réaction contre le caractère unilatéral de la fidéjussion coïncidant avec la décadence du formalisme.

α. Bénéfice de cession d'actions, évolution identique, sur ce point, de la corréalité.

ϐ. Bénéfice de division ; distinction radicale de la fidéjussion et de la solidarité.

γ. Le *mandatum credendæ pecuniæ* marque une réaction plus décisive encore contre le caractère primitif du cautionnement, sous l'influence croissante de l'équité.

Supériorité économique de ce *mandatum* ; éléments nouveaux qu'il apporte pour la construction de la théorie du cautionnement.

δ. Bénéfice de discussion ; dernier terme de la séparation du cautionnement et de la solidarité.

2° Sous l'influence des besoins du commerce, se développe un mode nouveau de garantie, le pacte de constitut, auquel la souplesse de ses formes et l'énergie de ses effets permettent de donner le nom de cautionnement commercial.

Le pacte de constitut sert de transition de la fidéjussion à la solidarité.

3° Qu'est devenue la solidarité ? Ses fonctions, points de contact de la solidarité et du cautionnement.

α. *Fidejussio alterna.*

β. Renonciation du fidéjusseur aux bénéfices de division et de discussion, origine lointaine du cautionnement solidaire.

γ. Il ne faut pas voir cependant dans la Novelle 99 une tentative de fusion du cautionnement et de la solidarité, mais une modification profonde apportée aux effets de la *fidejussio alterna.*

Conclusion. — La solidarité et le cautionnement ont reçu à la fin de notre seconde période une organisation nettement distincte.

CHAPITRE PREMIER

Nous avons expliqué dans la préface que le progrès du Droit dans cette seconde période a consisté à réagir contre le caractère strictement unilatéral à l'origine de la fidéjussion. Elle fut impliquée dans ce grand mouvement vers l'équité, qui est la marque distinctive de la période classique du Droit romain. Le problème à résoudre se posait en ces termes : « Concilier l'intérêt légitime du fidéjusseur avec le droit du créancier » ; la jurisprudence sut le résoudre, elle tempéra l'excessive rigueur des droits du créancier sans porter toutefois atteinte au crédit.

α BÉNÉFICE DE CESSION D'ACTIONS

Le premier pas dans cette voie fut la création du bénéfice de cession d'actions, qui fut l'œuvre de la jurisprudence. Cette création dut suivre de près l'introduction de l'exception de dol, dont le bénéfice de cession d'actions est une importante application [1].

Théoriquement l'ancien droit civil subsiste, mais par une exception, le préteur en paralyse les effets. Il tint aux créanciers ce langage : « Sans doute *jure*

---

[1] L'exception de dol fut proposée pour la première fois par un préteur appelé Cassius, vers le milieu du VIIme siècle de Rome.

civili, vous n'êtes tenus d'aucune obligation envers
le fidéjusseur ; celui-ci n'a aucune voie de droit pour
obtenir de vous la cession des actions ; mais si vous
refusez cette cession, qui ne vous cause aucun préjudice, vous commettez un dol. Je délivrerai la formule
d'action, mais j'y ferai insérer une exception dont la
vérification entraînera la libération du fidéjusseur. »
L'exception fut l'écueil contre lequel le droit strict
vint se briser,

Voyons de quelle utilité cette cession obtenue était
au fidéjusseur. Cette utilité est double : la cession
crée un recours nouveau et consolide le recours préexistant.

Elle crée un recours au profit du fidéjusseur *solvens*
contre les autres fidéjusseurs. (L. 39 *de fidejusso-*
ribus [1].) « *Ut fidejussor adversus confidejussorem*
suum agat, danda actio non est, ideoque si ex
duobus fidejussoribus ejusdem quantitatis, cum alter
electus a creditore totum exsolvit nec ei cessæ sint
actiones, alter nec a creditore, nec a confidejussore
convenietur. » La solution primitive n'est pas de
nature à nous étonner ; on n'aperçoit entre cofidéjusseurs, à l'inspection de leur formule d'engagement,
aucun germe d'obligation civile, de recours. Or, le *jus*
civile ne donne d'actions que celles qui dérivent des
formes légales de contracter. Au reste, la fidéjussion
à l'origine n'est-elle pas comme l'image de la soli-

---

[1] Cf. Art. 2033, Code Civil.

darité? Or, de son chef, le *correus solvens* n'a d'action contre les autres *correi*, que s'il établit l'existence d'une société dans leurs rapports réciproques.

La décision nouvelle était une importante innovation, marquée au coin de l'équité. N'était-il pas juste, puisque au regard du créancier, tous les fidéjusseurs étaient tenus au même titre, de répartir entre tous, en cas d'insolvabilité du débiteur principal, le fardeau de la dette plutôt que de le faire peser tout entier sur celui que le choix capricieux ou malveillant du créancier aurait désigné?

En second lieu, la cession d'actions consolide le recours préexistant.

Le fidéjusseur qui a payé est investi contre le débiteur principal de l'action *mandati* ou de l'action *negotiorum gestorum contraria*, mais ces deux actions ne lui confèrent aucun droit de préférence et, dans la *bonorum venditio*, il vient au marc le franc avec les autres créanciers. Le bénéfice de cession d'actions donne au fidéjusseur l'exercice des droits de gage et d'hypothèque [1] qui appartenaient au créancier désintéressé, pour garantir son recours. La caution jouit même des avantages spéciaux attachés à la créance originaire (privilège fondé sur la cause du droit, condamnation au double en cas d'*infitiatio*).

On voit, dans cette solution une preuve du désir

---

[1] Jusqu'à Justinien, le fidéjusseur put se prévaloir de l'hypothèque, même contre les tiers détenteurs.

de la jurisprudence de favoriser le crédit. Le moyen le plus sûr d'atteindre ce but est de consolider le recours de la caution. Le caractère accessoire de la fidéjussion tend à s'affirmer.

Et, toutefois, la jurisprudence n'osa d'abord que timidement limiter le droit excessif du créancier.

La jurisprudence ne met à la charge du créancier aucune obligation positive de conserver les actions. La notion de bonne foi est encore très restreinte ; il suffit de s'abstenir d'un dol grossier, le refus de cession. Le créancier transmet ses actions, s'il les a et telles qu'il les a. Il peut impunément libérer un fidéjusseur par un pacte de *non petendo* (L. 15, § 1 *de fidej.*) et laisser une hypothèque s'éteindre par la *præscriptio longi temporis*. (L. 25, Code, *de fidej.*)

Le créancier ne répondait pas davantage de l'insolvabilité du débiteur principal que ses lenteurs dans les poursuites ont occasionnée.

Toutefois, nous apercevons dans cette innovation de la jurisprudence la première manifestation de l'esprit de réaction contre le caractère unilatéral du cautionnement.

Nous ne saurions, puisque notre étude est, par essence, l'histoire comparée de deux institutions, omettre l'amélioration correspondante apportée à la condition du *correus*. Il profita également du grand mouvement de la jurisprudence vers l'équité, car on lui accorda le bénéfice de cession d'actions, sous forme d'*exceptio doli mali*. Nous saisissons ici un point de contact entre la fidéjussion et la solidarité. Presque identiques par leurs effets à l'origine, la fidéjussion et la solidarité suivent dans le même milieu une évolution semblable. Il n'y a pas entre elles une différence d'essence. Ne sont-elles pas deux formes de sûretés personnelles ? La solidarité n'est pas seulement un moyen de crédit mutuel, c'est aussi un mode énergique de cautionnement.

Le *correus* put donc invoquer le bénéfice de cession d'actions, soit quand il payait volontairement, soit quand il était poursuivi.(Arg. *a contrario* de la loi 65 de *evictione*, 21-2.) « *Nec remedio locus esse videbatur, ut per doli exceptionem actiones ei qui pecuniam creditori dedit prestarentur, quia non duo rei facti proponerentur* » d'où l'on conclut que le *correus* jouit du bénéfice de cession d'actions.

Ce fut seulement l'introduction du bénéfice de division au profit du fidéjusseur, qui établit une distinction, très nette à la vérité, de la solidarité et du cautionnement.

β. BÉNÉFICE DE DIVISION.

Le bénéfice de division fut organisé par un rescrit de l'empereur Adrien. (Gaius III, § 121.) Avant ce rescrit, le créancier pouvait exiger du fidéjusseur comme d'un *correus* le paiement intégral de la dette; après la décision d'Adrien, le fidéjusseur continua en droit à être obligé au tout, mais en fait, il put exiger du créancier la division des poursuites entre les fidéjusseurs solvables au jour de la *litis contestatio*. « *Si plures sint fidejussores, quotquot erunt nu-*

mero, singuli in solidum tenentur. Itaque liberum
est creditori a quo velit solidum petere. Sed ex
epistola divi Adriani compellitur creditor a sin-
gulis, qui modo solvendo sunt litis contestatœ
tempore, partes petere. »

L'introduction du bénéfice de division est un produit de la réaction inaugurée par la jurisprudence
contre le caractère unilatéral et strict de la fidéjussion.
Jure civili, le fidéjusseur est tenu au tout : cette
solution découle de la formule *fidejubesne idem ?*
Le créancier peut en fait user de ménagements et
diviser ses poursuites, mais nul principe juridique ne
l'y astreint, car il n'a rien promis. Si en réalité le
créancier use de toute la rigueur de son droit, malgré
la solvabilité certaine des cofidéjusseurs, cet usage
constitue un abus, que l'équité réprouve. Pourquoi
obliger l'un d'eux à faire l'avance de toute la somme
due, s'il est constant que tous sont solvables ? Aussi
Adrien continuant l'œuvre du préteur, instrument de
l'équité, paralysa-t-il par la création d'une exception
nouvelle « *si non et illi solvendo sint,* » les effets de
la règle ancienne.

Toutefois, il faut remarquer la mesure des dispositions de ce rescrit, par opposition à la rigueur brutale
de celles de la loi Furia, l'harmonie entre les résultats
à obtenir et les moyens employés. La loi Furia était
une loi politique, née d'une crise sociale; le rescrit
d'Adrien est une pure inspiration de l'équité. La loi
Furia avait ruiné le crédit; la décision de l'empereur
tend plutôt à le développer, car les garants, dont le

risque est limité, seront plus disposés à intervenir.
S'il est vrai que l'idéal du cautionnement civil est d'assurer au créancier un paiement intégral, en imposant
à la caution le moins de risques possible, le rescrit
d'Adrien apparaîtra comme un progrès considérable.

La loi Furia avait abandonné le principe de l'obligation au tout ; en droit le rescrit d'Adrien le laisse
subsister : « *Si plures sint fidejussores*, dit Gaius,
quotquot erunt numero, singuli in solidum tenentur. » Les fidéjusseurs sont appelés *duo rei ejusdem
obligationis* dans leurs rapports avec le débiteur
intéressé. (Fg. 116 *de verborum obligationibus* ; Cf
loi 3 au Code *de fidej.*, 8, 40.)

De ce principe découlent deux conséquences inverses de celles que nous avons déduites de l'étude
de la loi Furia :

1° La division s'opère *exceptionis ope*. (L. 26 et
28 *de fidej.*; Dig. XLVI, 1.)

2° Le fidéjusseur qui par erreur paie au-delà de sa
part, n'est pas investi de la *condictio indebiti*, car
en droit pur il est tenu *in solidum*. (Rescrit d'Antonin-
le-Pieux, L. 49, § 1 *de fidej.*)

La différence caractéristique de la loi et du rescrit,
qui révèle leur esprit bien différent, nous est rapportée
par Gaius. (C. III, 121, §§ 2 et 3.) Le créancier,
d'après la loi Furia, supporte le risque des insolvabilités antérieures à l'échéance (*hoc ceterorum partes
non onerat.*) Au contraire les fidéjusseurs répondent
mutuellement de leur insolvabilité survenue avant la
litis contestatio. Le créancier est donc certain de

recevoir l'intégralité de la somme due des fidéjusseurs solvables.

Il fallait assurer l'application des deux bénéfices reconnus au fidéjusseur ; la jurisprudence y pourvut en étendant aux fidéjusseurs la loi Cicereia, qui avait été la première manifestation de l'esprit de réaction contre le caractère unilatéral primitif du cautionnement. « *In usu est, etiam si fidejussores accipiamus, prædicere.* (C. III, § 123, *in fine.*)

γ. MANDATUM CREDENDÆ PECUNIÆ.

L'esprit de réaction contre le caractère unilatéral et *stricti juris* du cautionnement fit plus qu'amener la transformation de la fidéjussion ; il provoqua la naissance d'une institution nouvelle, dont la nature éminemment équitable assura le rapide développement : le « *mandatum credendæ pecuniæ.* » Il y a *mandatum credendæ pecuniæ* toutes les fois que sur mon ordre et à mes risques et périls vous consentez à devenir créancier d'une personne déterminée. Cette institution nouvelle n'est, comme l'a dit M. Appleton, « que la fidéjussion dépouillée de son caractère unilatéral et de droit strict, et devenue contrat synallagmatique imparfait. » La fidéjussion s'analyse en un *jussus* revêtu de formes solennelles, en une déclaration de responsabilité confirmée par une invocation à la *Fides. (Fide jubeo.)* Le *mandatum* est un *jussus* sans formes. « *Si petierit a te frater meus, peto des ei nummos fide et periculo meo.* » (L. 24, *de fid.*, 46, 1.) Les jurisconsultes romains ont aperçu cette ressemblance. (L. 32, *mandati* 17, 1.) « *Neque enim multum referre puto præsens quis interrogatus fidejubeat, an absens vel præsens mandet.* » La fidéjussion est l'obligation de garantie traduite dans le langage formaliste : le *mandatum* est la traduction de cette même obligation dans le langage plus souple de l'équité.

Malgré les objections élevées par les jurisconsultes anciens contre la validité du *mandatum credendæ pecuniæ,* il était entré pleinement dans la pratique dès le milieu du Ier siècle de l'ère chrétienne. Les besoins d'un crédit de jour en jour plus développé, la présence à Rome de nombreux étrangers, les inconvénients croissants du formalisme assurèrent le triomphe du *mandatum credendæ pecuniæ,* en dépit de la subtilité de certains prudents (entre autres Servius Sulpicius). C'était en effet un mode de cautionner plus souple, plus conforme à la volonté des parties.

Au point de vue historique, le rôle du *mandatum credendæ pecuniæ* fut double.

Il marqua l'effort le plus énergique qui ait été tenté jusqu'à Justinien, contre le caractère unilatéral et *stricti juris* du cautionnement représenté par la fidéjussion, et partant accentua la séparation du cautionnement et de la solidarité.

Il limita le domaine d'application de la fidéjussion, sans la faire disparaître :

1° Le *mandatum credendæ pecuniæ* est un contrat synallagmatique imparfait et de bonne foi. Le mandant s'engage à indemniser le créancier de ses pertes ; il est tenu de l'action *mandati contraria*; mais en revanche, le mandataire contracte implicitement l'obligation de s'abstenir de tout dol à l'égard du mandant. Ce fut donc par une interprétation toute naturelle du contrat intervenu et avec plus de liberté, que la jurisprudence put imposer au créancier des devoirs assez étendus.

α. La jurisprudence étendit d'abord le bénéfice de division aux *mandatores*, que le rescrit d'Adrien ne visait pas. (L. 59, § 3, *mandati* ; L. 5, § 1, *quod jussu*, XV, 4 ; L. 27, *de fid. et nom. tut.*, 27, 7.)

6. Le *mandator* qui a payé jouit du bénéfice de cession d'actions. Quoi de plus contraire à la bonne foi de la part du créancier que de refuser cette cession ? Mais elle a au regard du *mandator* des effets plus étendus qu'au regard du fidéjusseur. Le créancier n'est pas tenu de conserver les actions qu'il doit céder au fidéjusseur ; le *mandator* peut, au contraire, demander compte au créancier des actions que celui-ci a perdues par sa faute ou par son dol. (95, § 11, *de solut.*, 46, 3.) « *Si creditor a debitore culpa sua causa ceciderit, prope est, ut actione mandati nihil a mandatore consequi debeat, cum ipsius vitio acciderit, ne mandatori possit actionibus cedere.* » Le *mandator* poursuivi opposera au créancier négligent l'*exceptio cedendarum actionum*, qui est, suivant une expression à la mode, une *exceptio non adimpleti contractus*. Vous n'avez pas exécuté le contrat, dira-t-il au poursuivant, je refuse de l'exécuter.

Ce fragment 95, § 11 est le germe de l'Article

2037 du Code Civil, qui en généralise la solution.
« La caution est déchargée, lorsque la subrogation
aux droits, hypothèques et privilèges du créancier, ne
peut plus, par le fait de ce créancier, s'opérer en
faveur de la caution. » En droit français, tous les
contrats sont de bonne foi.

γ. Mais la jurisprudence n'alla-t-elle pas plus avant
encore dans la voie des réformes ? Le *mandator* ne
fut-il pas dès l'époque classique investi du bénéfice de
discussion ? Justinien n'aurait fait qu'étendre cette
faveur au fidéjusseur. Une telle solution paraît équitable. L'action *mandati contraria* ne doit rationnellement être intentée que si le mandataire éprouve un
préjudice, c'est-à-dire n'est pas payé par le débiteur
principal. La jurisprudence n'eut pas assez de har-
diesse pour consacrer ce résultat. Le créancier put
s'adresser directement au *mandator*. Cependant,
aucune difficulté ne s'opposait à l'adoption de la solution contraire, car le créancier en poursuivant le
débiteur principal ne libérait pas le *mandator*. L'effet
de la *litis contestatio,* qui est d'éteindre le droit déduit
« *in judicium* » ne pouvait pas se produire « *erga
omnes* », puisque les obligations des deux parties en
cause n'avaient pas même objet.

Les prudents furent sans doute touchés par cette
considération théorique : « Le mandataire, qui prête
en vertu du mandat, fait un déboursé, et de ce chef,
il a droit à indemnité. »

Au reste, la solution que nous avons exposée est
certaine, elle résulte de deux textes formels. Le frag-

ment 56 *mandati* (17-1) est très net : « *Qui mutuam pecuniam dari mandavit, omisso reo promittendi et pignoribus non distractis, eligi potest.* » Ce fut la Novelle 4 qui introduisit au profit du *mandator* le bénéfice de discussion. (Nov. 4, Ch. Ier.)

2° Arrivons, maintenant, à l'étude du second rôle historique du *mandatum credendæ pecuniæ.*

Forme perfectionnée du cautionnement, le *mandatum* ne tarda pas à limiter le domaine d'application de la fidéjussion. Œuvre de la jurisprudence, précisée et développée par l'analyse délicate des jurisconsultes, inspirée d'un esprit nouveau, cette institution plus souple, moins rigide dans ses contours que les contrats formalistes, se modelait mieux que la fidéjussion sur les besoins de la pratique. Favorable à l'extension du crédit, elle avait l'avantage d'assurer au créancier une garantie étendue et certaine, tout en imposant à la caution dont le recours était fortement garanti, le moins de risques possible. L'opposition des intérêts de la caution et du créancier, qui est comme le ressort caché de toute notre histoire, fit place à une communauté d'intérêts. Le créancier fut le plus souvent sollicité à recourir au *mandatum*, dont les formes étaient plus simples et les effets plus complets.

Outre que le *mandatum credendæ pecuniæ* était un contrat non solennel, il garantissait mieux que la fidéjussion contre l'insolvabilité du débiteur principal et à la fois contre certaines causes de nullité de l'obligation, réunissant très intimement les deux fonctions que le cautionnement peut être appelé à remplir.

7

Tout d'abord le créancier pouvait agir successivement contre le *mandator* et le débiteur principal, car les deux dettes n'ont pas le même objet.(Paul, II, XVII, § 16.) « *Electo reo principali, fidejussor liberatur; non idem in mandatoribus observatur.* » De plus, le *mandator* est garant en principe de l'incapacité du débiteur principal (minorité) plus rigoureusement que le fidéjusseur, car il est censé être le promoteur du contrat. (L. 13, pr. de min IV, 4; Cf. L. 12, § 13, Mand.)

La caution de son côté préfère la forme du *mandatum* qui garantit mieux son recours. La cession d'actions procure une sûreté efficace au *mandator*. Outre qu'il peut opposer l'*exceptio cedendarum actionum* au créancier négligent ou de mauvaise foi, le *mandator* peut exiger la cession non seulement « *exceptionis ope* », mais encore, par voie d'action (*mandati directa*) et même après avoir payé. L'action du créancier, paralysée entre ses mains par l'*exceptio doli mali*, reprend toute son énergie, lorsque le *mandator* l'exerce contre le débiteur principal.

Pourquoi le *mandatum credendæ pecuniæ* ne fit-il pas disparaître la fidéjussion, comme celle-ci avait amené la disparition de la *sponsio* et de la *fidepromissio* ? La raison est facile à trouver. Le *mandatum credendæ pecuniæ* ne pouvait pas s'appliquer à toute espèce de dettes « dettes préexistantes ou nées *ex delicto.* » (*Vide tamen.* L. 12, § 14, *mandati*.)

La fidéjussion survécut donc à la création du *mandatum credendæ pecuniæ*, mais elle continua à se modifier.

δ. SÉPARATION RADICALE DE LA FIDÉJUSSION
ET DE LA SOLIDARITÉ

La fidéjussion devient une obligation accessoire
non seulement quant à ses conditions de naissance et
d'extinction, mais encore quant à ses effets. — Bénéfice d'ordre ou de discussion. (539 après Jésus-Christ.)

C'est un des traits essentiels de la solidarité que
la possibilité pour le créancier de demander un paiement intégral à celui des coobligés qu'il lui plaît de
choisir, sans être astreint à suivre aucun ordre.
Longtemps, en droit, la condition du fidéjusseur fut
identique à celle du *correus*; cette condition décou-
lait logiquement de l'interprétation de la formule :
« *Fidejubesne idem ?* Le fidéjusseur s'était tenu sur
le même plan que le véritable intéressé ; il devait
subir le même traitement. Au reste, une raison de
procédure rendait impossible l'établissement d'un
ordre dans les poursuites, car l'obligation du fidéjusseur serait devenue purement illusoire. « *Electo
reo principali, fidejussor liberatur.* » Il y a *idem
debitum* (unité d'objet), une seule poursuite déduit
toute la dette *in judicium*. La *litis contestatio* produit un effet extinctif absolu.

Opposition de la loi et des mœurs. — Cependant,
on aurait une idée fausse de la situation véritable du
fidéjusseur, si on oubliait de noter que les mœurs
tempéraient singulièrement en cette matière la rigueur
de la loi. Les convenances atténuaient les inconvénients du formalisme. En fait le créancier ne s'adres-

sait aux cautions que si le débiteur principal était
évidemment insolvable. Si on se rappelle les rapports
étroits qui unissaient le débiteur et ses garants
(parenté, clientèle) et qui faisaient du cautionnement
un « *officium pietatis* », il est facile de comprendre
que c'était un véritable déshonneur pour le principal
intéressé de laisser poursuivre les amis ou les parents
qui étaient intervenus pour lui. Aussi eût-on blâmé
vivement le créancier qui, sans une raison légitime,
aurait directement visé les cautions, infligeant une
flétrissure à celui qui les avait fournies. Les textes
littéraires et juridiques confirment également cette
thèse. Cicéron (*Ad Atticum*, XVI, 15) s'exprime en
ces termes : « *Etsi sponsores appellare videtur
habere quamdam* δυσωπίαν », et Quintilien au Ier siècle
de notre ère explique ainsi la coutume déjà ancienne :
« *Non esse exigendum a sponsore creditum nisi
jure summo. Non aliter enim salvo pudore ad sponsorem venit creditor, quam si recipere a debitore
non possit. Sponsor porro in hoc accipitur, ne
creditor in damno sit. (Declamationes,* 273.) Gaius
nous apprend même que la poursuite dirigée contre
le fidéjusseur, lorsque le débiteur principal offre de
payer, peut constituer le délit d'injure. (L. 19, *de
injuriis,* 47, 10.) « *Si creditor meus, cui paratus
sum solvere, in injuriam meam fidejussores meos
interpellaverit, injuriarum tenetur* [1]. »

---

[1] Cf. Pour la législation grecque. *Dictionnaire des anti-
quités.* Verbo εγγύη.

Mais le temps ne tarda pas à venir, où l'influence des mœurs cessa d'être assez grande pour limiter le droit excessif du créancier, et le fidéjusseur pensa qu'il valait mieux compter sur une règle juridique certaine que sur la bonne volonté d'un tiers. Au reste, à l'époque ou nous sommes arrivés, le formalisme est battu en brèche, l'équité tend à pénétrer de toutes parts dans les institutions. Au-delà des « *verba* », on aperçoit l'intention des parties ; une simple formule ne suffit plus pour produire un effet juridique en dehors de leur volonté. (Ex. l'*animus novandi* s'introduit.) Sans doute le fidéjusseur avait promis *idem*, mais pour interpréter cette expression, fallait-il s'en tenir à la lettre ? Le bénéfice de division avait déjà atténué l'effet rigoureux de ce terme. A vrai dire, le créancier n'avait rien promis explicitement, mais n'avait-il pas contracté vis-à-vis de la caution quelque engagement tacite ? Par cette idée s'explique la cession d'actions. La pratique voulut aller plus loin. Le fidéjusseur tendit à imprimer à son obligation un caractère nettement accessoire ; il chercha à n'être plus qu'un renfort. De là naquirent plusieurs institutions, dont le bénéfice de discussion n'est que le complément et l'extension. Etudions-les rapidement.

La caution (fidéjusseur) tend à perdre sa position avancée pour n'être plus qu'un engagé subsidiaire.

Quel était le résultat à obtenir ? Contraindre le créancier à poursuivre d'abord le débiteur principal, sans que l'effet extinctif de la *litis contestatio* fût nuisible au poursuivant. Voici quels furent les divers procédés employés à cette fin.

1° *Omissis quoque pignoribus fidejussorem a creditoribus conveniri, nisi in id quod ex his refici non potuerit acceptus sit, explorati juris est.* (L. 17 au Code *de fidej.*, 8, 40.) Le créancier ne pourra atteindre le fidéjusseur que si le prix des biens hypothéqués est insuffisant pour le désintéresser ; il ne souffre pas de cette restriction apportée à son droit, car l'action *ex stipulatu* et l'action « *in rem hypothecaria* » ont un objet différent, et l'exercice de l'une ne déduit pas *in judicium* l'objet de l'autre.

2° Les *Institutes* nous présentent une combinaison ingénieuse tendant au même but. (III, 26, § 2.) Le fidéjusseur sur le point d'être poursuivi donne mandat au créancier de s'adresser d'abord au débiteur principal. Il est libéré en tant que caution (effet extinctif de la *litis contestatio*), mais si le débiteur attaqué est insolvable, l'action *mandati contraria* sera donnée contre lui[1]. L'obligation du fidéjusseur n'est que subsidiaire.

3° Mais la jurisprudence se montra surtout ingénieuse dans la création de la *fidejussio indemnitatis*, qui est le contre-pied de l'engagement solidaire. Si le fidéjusseur était rigoureusement tenu, c'est qu'il promettait *idem*, comme un *correus* ; en la forme, son obligation était principale. La formule de la *fidejussio indemnitatis* traduit par sa teneur une obliga-

---

[1] La combinaison est avantageuse au créancier qui aura deux actions au lieu d'une.

tion subsidiaire et conditionnelle [1]. « *Quanto minus
a Titio consecutus fuero, tantum dare spondes ?
Spondeo.* » Il n'y a pas mention de l'*idem debitum*,
et le fragment 116 *de verborum obligationibus*(Paul),
dit du *fidejussor indemnitatis* envisagé dans ses rapports avec le débiteur principal « *non sunt enim duo
rei Mœvius et Titius ejusdem obligationis.* »

La *fidejussio indemnitatis* résout le problème posé
en satisfaisant à ses deux conditions.(Fg.116 *de verb.*
Obl. fg. 21. *de Solutione* de Paul.)

1re Condition. — « *A Mœvio enim antea Titium
excussum non recte petitur. Mœvius sub conditione
debet, nec pendente stipulationis conditione recte
potest conveniri.* »

2me Condition. — « *Nec Titio convento Mœvius
liberatur.* » L'effet extinctif de la *litis contestatio*
ne peut pas se produire au détriment du créancier ;
il n'y a pas *idem debitum* et l'obligation du fidéjusseur est conditionnelle « *si a Titio exigi non
potuerit.* »

Mais, dira-t-on, si la pratique avait imaginé tant
de moyens efficaces pour protéger les fidéjusseurs,
pourquoi Justinien promulgua-t-il la Novelle 4 ? On
oublie, quand on pose une telle question, que l'usage
de l'un quelconque de ces procédés suppose l'assenti-

---

[1] Ce n'est pas le lieu d'examiner ici la thèse de Celsus
(L. 42, pr. *de rebus creditis* XII, 1) qui d'ailleurs ne triompha
pas.

ment du créancier. Celui-ci sera-t-il toujours disposé
à répondre au mandat du fidéjusseur? Consentira-t-il à
adopter la *fidéjussio indemnitatis*, qui lui fait courir le
risque d'un paiement divisé et d'une double poursuite?
Or, rappelons-nous qu'en matière de crédit le créancier
fait d'ordinaire la loi du contrat « *legem dat contractui.* ».
Libre de refuser les sommes qu'on lui demande,
il pèse par la menace d'un refus sur la volonté du
débiteur. Si l'on admet avec nous que la *lex antiqua*
dont parle Justinien n'est autre que le fragment 116
de verborum obligationibus relatif à la *fidéjussio
indemnitatis,* notre explication est vérifiée. La *lex
antiqua* avait été *usu non adprobata* (non consacrée
par l'usage, non entrée dans les mœurs.) Justinien ne
sait pourquoi; à notre sens, c'est par suite de l'opposition des créanciers. Voilà la raison pour laquelle l'empereur byzantin crut utile de la faire revivre « *putavit
bene se habere, legem antiquam rursus revocare
et ad rempublicam reducere* »; il vint au secours des
fidéjusseurs qui n'étaient pas en état de se protéger
eux-mêmes.

Cependant Justinien, en accordant au fidéjusseur le
bénéfice de discussion, ne lèse aucunement le créancier, car la *litis contestatio* a cessé de produire son effet
extinctif absolu. (L. 28. Code de *fidejussoribus*.) Dès
la fin du Bas-Empire, la règle ancienne avait cessé
d'être d'ordre public. On convenait valablement que
la *litis contestatio* ne produirait pas effet *erga omnes*,
ce qui avait rendu possible le pacte en vertu duquel le
créancier s'obligeait à poursuivre d'abord le débiteur

principal. Depuis la constitution 28 au Code (année 531) l'énergie ancienne de la *litis contestatio* fut reconnue au paiement seul.

En vertu du bénéfice de discussion, le fidéjusseur échappe à toutes poursuites tant que l'insolvabilité du débiteur principal n'a pas été constatée par la vente de ses biens. Pour que le retard imposé au créancier ne soit pas excessif, le bénéfice de discussion doit être invoqué *in limine litis* et suppose la présence du « *reus principalis.* »

Conclusion de notre étude historique de la fidéjussion.

Au début de notre seconde période, la fidéjussion et la solidarité sont confondues quant à leurs effets, et cette confusion est la conséquence nécessaire de l'interprétation stricte de deux formules semblables. Le fidéjusseur est au même titre que le *correus* un débiteur principal. La solidarité et la fidéjussion se développent pendant quelque temps suivant la même loi (bénéfice commun de cession d'actions).

Mais la désuétude progressive du formalisme qui substitue à l'interprétation stricte des « *verba* » la recherche de l'intention des parties, l'extension corrélative de la notion d'équité ne tardent pas à provoquer une vive réaction contre le caractère unilatéral de la fidéjussion, et à imprimer à celle-ci un caractère accessoire dont la netteté va s'accentuant. Cette réforme inaugurée par la jurisprudence aboutit à la reconnaissance des bénéfices de division et de discussion. L'obligation au tout n'a plus qu'une valeur théorique; la fidéjussion est constituée en dehors de la solidarité. Les mêmes caractères se retrouvent à un degré éminent dans le *mandatum credendæ pecuniæ*, qui est la fidéjussion dépouillée de tout élément formaliste, un mode de cautionner synallagmatique et de bonne foi.

Ces réformes se sont accomplies avec mesure; elles n'ont pas, comme celles des lois Furia et Cornelia, amené la ruine du crédit: elles l'ont plutôt favorisé, en établissant un équilibre raisonnable entre les droits du créancier et l'intérêt légitime de la caution.

CHAPITRE DEUXIÈME

DU PACTE DE CONSTITUT

Nous avons montré par quelle série de progrès la fidéjussion s'est séparée de la solidarité; mais n'y avait-il pas entre la fidéjussion et la solidarité une sorte de trait d'union ? A vrai dire, le pacte de constitut, envisagé comme mode de cautionner, était par l'énergie de ses effets assez voisin de la solidarité. Ce pacte dont l'existence remonte au moins au temps de Labéon [1], est une convention par laquelle une personne s'engage à payer à jour fixe une dette préexistante. Ce mode de cautionner a une physionomie particulière. Tandis que la fidéjussion et le *mandatum credendæ pecuniæ* sont plus proprement des formes du cautionnement civil, le pacte de constitut pourrait s'appeler en langage moderne « cautionnement commercial. » La *fidejussio* porte en soi, dans une mesure moindre, il est vrai, que la *sponsio* et la *fidepromissio* (ce caractère va en s'atténuant à mesure que l'on s'éloigne des origines romaines) une déclaration

---

[1] Quelques auteurs le font remonter jusqu'au temps de Plaute. (Most., III, v. 120 ?)

d'honorabilité du débiteur principal. L'élément moral apparaît à côté de l'intérêt pécuniaire. Dans le pacte de constitut l'élément moral fait complètement défaut. Tandis que la fidéjussion suppose non seulement une dette mais un débiteur, l'engagement du constituant implique seulement l'existence d'une dette. (L. 11, pr. *de pecunia constituta)* [1]. Ulpien dit « *Hactenus igitur constitutum valebit, si quod constituitur debitum sit, etiamsi nullus apparet, qui interim debeat, utputa si ante aditam hereditatem debitoris vel capto eo ab hostibus constituat quis se debiturum.* » Le constitut n'est rien de plus qu'une garantie contre l'insolvabilité du débiteur principal.

Rappelons-nous que l'époque impériale est marquée par le développement du commerce. Or, le commerce imprime aux actes juridiques un cachet particulier ; suivant une expression moderne, il les « commercialise ». La vie commerciale s'accomode difficilement des formes et des lenteurs de la vie civile. Il faut, pour que la richesse circule rapidement, que les transactions soient faciles ; il faut de plus que les conventions s'exécutent promptement et que les paiements soient faits à jour fixe [2] et non divisés. Simplicité et souplesse dans les formes, énergie dans les effets, tels sont les deux caractères distinctifs des actes de

---

[1] Cf., L. 1, au Code *de pecunia constituta* (4, 18).

[2] Dans le constitut, la désignation d'un jour pour le paiement est exigée à peine de nullité.

commerce [1] ; on les retrouve nettement accusés dans le pacte de constitut.

L'influence commerciale tend sans cesse à ramener le cautionnement vers la solidarité. Le constitut est une sorte de solidarité dépouillée de ses formes.

α. Le constitut n'est soumis à aucune forme déterminée, il peut être conclu entre absents, *per epistolam*, *per nuntium*. (L. 14, *de pecunia constituta*.)

Il n'est pas soumis comme les autres actes formels aux règles de l'interprétation stricte. (Sur l'interprétation stricte *vide* Ihering, t. III, p. 141 et sq., trad. de Meulenære, *Esprit du Droit romain*.) L'interprétation stricte est l'attachement au mot, elle n'accorde aucune considération à une volonté non exprimée. A la différence de la fidéjussion, le constitut contracté *in duriorem causam* (somme plus forte) n'est pas nul, mais réductible au contenu de l'obligation principale. (L. 11, § 1er, *de pecunia constituta*.)

β. Les effets du constitut sont aussi énergiques que ceux de la solidarité.

Dans le droit classique chacun de ceux qui s'obligent par un pacte de constitut est tenu au tout. Cela résulte de la constitution 3 au Code de *pecunia constituta* (4-18) qui introduit à leur profit le bénéfice de division.

---

[1] Le constitut ne s'applique qu'aux choses « *quæ pondere numero mensurave constant* », c'est-à-dire aux dettes de denrées et d'argent, les plus fréquentes dans le commerce.

Le créancier n'est pas tenu de poursuivre d'abord le débiteur principal ; il n'est même pas probable que, sur ce point, les mœurs fussent en désaccord avec le droit.

D'ailleurs, l'exercice de l'action contre l'auteur du pacte de constitut n'éteint pas le droit du créancier contre le principal obligé : « *Solutio ad utramque obligationem proficit.* » (L. 18, *in fine de pecunia constituta.*) L'effet extinctif *erga omnes* de la *litis contestatio* en matière de fidéjussion résulte de la mention de l' « *idem debitum* » que la formule met en relief. Cette mention imprime aux deux obligations l'unité juridique. Le pacte de constitut, au contraire, est un engagement sans forme.

Toutefois, Justinien s'inspirant de l'esprit qui avait dicté la constitution 3 au Code accorda à la personne engagée par un pacte de constitut le bénéfice de discussion. (Nov. 4-1.) Ainsi le constitut perdit sa physionomie originale.

Non seulement le constitut assurait un paiement intégral, mais encore l'exactitude dans le paiement. L'inexécution de la promesse était, en effet, sanctionnée par une sorte de clause pénale, une *sponsio dimidiæ partis*. (Gaius, IV, 171.) « *Ex quibusdam causis sponsionem facere permittitur, velut de pecunia constituta.*

Nous avons, ce nous semble, établi le caractère commercial du constitut par l'analyse de sa forme et de ses effets ; ne pourrions-nous pas argumenter en outre de son origine ?

Suivant une opinion assez répandue *(Vide* Accarias, t. II, N° 720) l'origine du constitut devrait être cherchée dans une vieille forme de contracter consacrée par l'usage dans les rapports des banquiers et de leurs clients « *Receptum* ». Cette forme de contracter aurait été empruntée par les simples particuliers aux *argentarii*, quand les rapports sociaux devenus plus complexes durent se régler, comme se réglaient jadis les relations des *argentarii* avec leurs clients. Ainsi, de nos jours, les titres à ordre, qui facilitent la circulation de la richesse, d'abord usités dans le commerce, sont employés pour constater même des créances civiles.(Cass. civ., 8 Mai 1878; D. P., 1878, 1-241. Note Beudant.)

Le préteur aurait été l'agent de ce progrès, en sanctionnant par une action *in factum* une convention entre particuliers calquée sur le contrat civil de *receptum*. C'est un procédé habituel du préteur que l'extension du droit civil par la création d'actions *in factum*. Le *receptum* [1] est un contrat civil, muni d'une action perpétuelle, par lequel l'*argentarius* s'engage « à faire un paiement pour le compte d'un tiers en exécution d'une ouverture de crédit ou d'une sorte de compte courant. » Eh bien, le pacte de constitut ne serait autre que le *receptum* étendu. Justinien ne compare-t-il pas ces deux institutions ?

L'explication est curieuse, elle confirme notre opi-

---

[1] *Recipere*, s'engager.

nion, mais est-elle entièrement fondée? On a quelques
raisons d'en douter. Peut-être le constitut fut-il
sanctionné par une action pénale prétorienne, avant
de devenir obligatoire en tant que pacte. Il est grave,
dit Ulpien (Fg. 1., Dig. *de const. pecunia*) de manquer
à la foi promise « *fidem fallere.* » Le constitut se
fonde en effet sur une obligation préexistante. Le
préteur aurait d'abord puni la violation de la parole
donnée d'une peine, dont la *sponsio dimidiæ partis*
est un vestige. Ainsi s'expliquent plusieurs controverses
soulevées par les jurisconsultes. Ulpien se demande
« *utrum contineat hæc actio pœnam an rei persecu-
tionem.* (Fg. 18, § 2, Dig. *de const. pec.*) Une constitution de Gordien résout la question de la transmissibilité
aux héritiers de l'obligation née du constitut, comme
si elle avait fait doute. (Const. 1. Code de *const. pec.*)
«*Non solum adversus te, sed etiam adversus heredes
tuos perpetuo competit.* » Quelquefois l'action de
pecunia constituta est annale. Ce n'est que plus tard
que le pacte de constitut serait devenu obligatoire
jure prætorio, sanctionné par l'action contractuelle
in factum de constituta pecunia [1].

---

[1] M. Valéry, Professeur-agrégé à la Faculté de Droit de
Montpellier, a présenté dans la *Revue Générale de Droit*
(Années 1892 et 1893) une théorie d'une originalité saisissante
sur l'origine du pacte de constitut.

Le constitut serait une vieille institution remontant jusqu'aux Douze-Tables et puisant son efficacité dans le Droit
civil lui-même : Le préteur n'aurait fait que l'étendre en

Il n'en reste pas moins probable que les parties, qui eurent recours à l'origine au pacte de constitut, en empruntèrent l'idée au *receptum*. La seule différence entre les deux thèses adverses, consiste dans la sanction primitive du pacte.

Je persiste donc à dire que par ses formes simples, ses effets énergiques et peut-être aussi son origine, le pacte de constitut est un véritable cautionnement commercial.

---

dehors de son domaine primitif d'application, le soumettant à des conditions d'exercice moins rigoureuses et l'adaptant au milieu nouveau où le commerce s'était développé et exigeait des organes plus souples.

Plusieurs caractères impliquent l'ancienneté de cette institution. Le constitut n'avait-il pas originairement pour objet « *certa pecunia?* » Ne comporte-t-il pas une *sponsio dimidiæ partis?* L'obligation du débiteur n'est en rien affectée par un cas fortuit ou de force majeure.

Le constitut était une « véritable composition destinée à arrêter la contrainte par corps contre le débiteur. » Il a commencé par être le pacte grâce auquel un débiteur, se trouvant sous le coup de la *manus injectio*, obtenait un délai pour se libérer, en consentant de nouveaux avantages au créancier « *sponsio dimidiæ partis.* » Ce pacte, à l'égal des compositions relatives aux délits privés et pour les mêmes motifs était obligatoire, bien qu'il n'eût revêtu aucune forme solennelle.

M. Valéry croit trouver dans Aulu-Gelle (XX, 1, N° 46) : « *Erat autem jus interea paciscendi* » une allusion évidente à la fonction première du constitut. Il montre enfin, avec une grande finesse d'analyse que les conditions de validité et les effets du constitut s'harmonisent avec sa thèse.

Mais le pacte de constitut ne fit pas disparaître la fidéjussion. Tout d'abord, il ne s'appliquait qu'aux dettes ayant pour objet des choses « *quæ pondere, numero mensurave constant* [1]. » De plus, comme il faisait à la caution une condition très rigoureuse, celle-ci devait se refuser à l'emploi de cette forme de garantie, et toutes les fois que dans la lutte engagée entre la caution et le créancier, celui-ci n'était pas assez fort pour imposer sa volonté, les parties avaient recours à la fidéjussion ou au *mandatum credendæ pecuniæ*.

Ce système qui nous a vivement séduit soulève néanmoins une objection que l'auteur a prévue. Tous les textes juridiques attribuent au préteur la création du constitut.

On comprend qu'une institution prétorienne (*ex. actio depositi, commodati*) se consolide par une longue pratique et devienne partie intégrante du Droit civil. Mais le préteur qui est la voix vivante du Droit civil, peut-il incorporer à son édit une disposition du Droit civil au point qu'elle perde son individualité ? Les Romains avaient d'ailleurs un tel respect des Douze-Tables qu'ils cherchaient à y rattacher toutes leurs institutions.

M. Valéry reconnaît d'ailleurs que dans sa seconde phase le constitut devient une convention tendant à assurer et à faciliter les paiements. Cette évolution est due à l'extension des relations commerciales de Rome et au développement des transactions. Nous pouvons donc continuer à envisager le constitut à la fin de la République et sous l'Empire comme « un cautionnement commercial ». Ainsi s'expliquerait sa persistance et sa coexistence avec la fidéjussion et le *mandatum credendæ pecuniæ*.

[1] Quelquefois aussi l'action était annale. — Le constitut suppose une dette préexistante.

Quel fut le sort du constitut dans l'histoire postérieure du cautionnement? Si on ouvre Pothier, au *Traité des Obligations*, on y trouve un chapitre consacré au pacte de constitut, et on est tenté de croire qu'il conserva longtemps quelque importance pratique. C'est pure illusion. Le constitut, devenu inutile en tant qu'institution distincte, fusionna avec la fidéjussion. C'était, avons-nous dit, une solidarité sans formes. Il fut dépouillé de son premier caractère par les constitutions de Justinien qui introduisirent, au profit de la caution engagée par ce pacte, les deux bénéfices de division et de discussion. Quant au second caractère, il perdit toute son importance lorsque la stipulation fut devenue un contrat non solennel. Les créanciers, soucieux de leurs intérêts, demandèrent à la solidarité une sûreté que le constitut ne pouvait plus leur procurer. Nous sommes ainsi amenés à rechercher ce que la solidarité était devenue.

CHAPITRE TROISIÈME

DE LA SOLIDARITÉ

Quelles sont, à l'époque classique et dans le Bas-Empire, les diverses fonctions de la solidarité?

Le rôle de la solidarité est triple :

1° Elle est l'instrument normal de la garantie mutuelle entre cointéressés;

2° Elle est employée comme mode de cautionner plus énergique que la fidéjussion et le *mandatum credendæ pecuniæ;*

3° Elle constitue, sous le nom de simple solidarité ou obligation *in solidum*, la garantie de recouvrement des indemnités dues par plusieurs personnes à raison d'un délit commun ou d'une faute commune contractuelle [1].

1° La première fonction est aussi la plus ancienne, celle qui rappelle le mieux l'origine de la solidarité (communauté familiale). C'est l'hypothèse des *correi socii.* La solidarité est destinée à accroître, par l'union des codébiteurs, le crédit de chacun d'eux.

2° La solidarité est utilisée, en outre, comme mode de cautionnement. A l'origine la solidarité n'est em-

---

[1] En ce sens, M. Gérardin, Étude sur la solidarité, *Nouv. Rev. hist.*, 1885.

ployée que par des cointéressés, membres de la même famille ou de la même *gens*. C'est seulement à une époque où la civilisation est déjà assez avancée, le crédit développé, qu'on approprie la solidarité à une fin nouvelle. A Rome, c'est après la loi Cornelia qu'on vit apparaître les *correi non socii*. La solidarité est une garantie plus énergique, plus étendue que le cautionnement envisagé comme obligation accessoire ; par essence, elle répugne à l'admission des bénéfices de division ou de discussion. Elle est, en ce sens, une forme perfectionnée du cautionnement.

3° Responsabilité collective *in solidum*, fondée sur l'indivisibilité de la faute.

La solidarité, sous le nom d'obligation *in solidum*, assure le recouvrement de l'indemnité due par plusieurs personnes à raison d'une faute commune délictuelle ou contractuelle, en permettant au créancier de réclamer toute l'indemnité à un quelconque des débiteurs [1]. Voici un exemple de cette simple solidarité ; elle existe entre plusieurs voleurs tenus de la *condictio furtiva*. (Const. 1 au Code *de condictione furtiva*, 4-8.) « *Præses provinciæ sciens, condictionis nummorum furtim substractorum electionem esse ac tum demum, si ab uno satisfactum fuerit, ceteros liberari.* » La solidarité dans cette hypothèse,

---

[1] Dans la troisième partie de notre étude, en examinant les conceptions diverses de la solidarité, nous étudierons avec soin l'obligation *in solidum*, dont nous ne voulons donner maintenant qu'un aperçu.

comme dans les précédentes, est une sûreté personnelle. Mais tandis que sous le nom de corréalité, elle
repose sur l'accord des volontés, puisant son énergie
dans un contrat, en tant que simple solidarité, elle se
fonde sur le dommage causé injustement à une personne par la faute commune de plusieurs autres.
Chacune doit une indemnité à raison de sa faute
propre; il y a autant de sources d'obligations que de
fautes.

Les deux formes de l'obligation au tout présentent
par suite de leur diversité d'origine des caractères
différents.

La solidarité volontaire ou corréalité se caractérise
par l'unité de l'obligation. Dans le contrat de droit
strict par excellence, la stipulation, cette unité d'obligation était traduite extérieurement par la formule.

M. Hauriou écrit à ce sujet [1] : « La formule de cette
stipulation unique fut construite d'une façon toute
spéciale et qui respirait l'unité. Dans les réponses
faites en bloc, les débiteurs promettaient tous expressément la même chose « idem »; c'était dit et répété
dans les *verba,* on faisait bien sentir qu'il n'y avait
qu'une chose due, *una res.* » Cette unité d'obligation
s'était maintenue dans les contrats de bonne foi par
suite de l'unité d'objet.

La conséquence la plus remarquable de cette unité
d'obligation est l'extinction du droit à l'égard de tous

---

[1] Hauriou. Solidarité. *Nouv. Rev. hist.*, 1882, p. 231.

les *correi*, par la *litis contestatio* sur la demande judiciaire formée contre l'un d'eux.

Dans la simple solidarité, il n'y a pas unité d'obligation, mais unité d'exécution, résultant de l'unité du préjudice. Tandis que dans la corréalité tous les rapports de droit convergent en un seul faisceau, nous trouvons dans la simple solidarité des obligations distinctes qui ont uniquement ce point de contact, qu'il suffit d'un paiement pour les éteindre toutes. Partant le paiement seul et non la *litis contestatio* éteint la dette *erga omnes*. « *Si cum uno agatur, ceteri non liberantur.* » (Fg. 11, § 2, *ad legem Aquiliam*.)

Après avoir étudié les diverses fonctions de la solidarité, il nous reste une dernière question à résoudre. Si le cautionnement et la solidarité, dont nous comparons l'évolution parallèle, apparaissent pendant cette seconde période comme distincts, ne saisit-on pas, néanmoins, entre eux certains points de contact, certaines tendances à une pénétration mutuelle ?

POINTS DE CONTACT DE LA FIDÉJUSSION ET DE LA SOLIDARITÉ.

Tout d'abord, pourquoi la fidéjussion et la solidarité subsistèrent-elles côte à côte [1] ? Ne faisaient-elles pas double emploi ? Leur coexistence suffirait à elle seule à justifier leur utilité propre.

---

[1] En tant que moyens de garantir la dette d'autrui.

La fidéjussion est plus conforme aux besoins de la vie civile ; la solidarité se prête mieux aux exigences de la vie commerciale, où la promptitude, j'allais dire la rigueur dans l'exécution des obligations ont tant de prix. Pour qu'une fusion de la fidéjussion et de la solidarité soit possible, il faut que les rapports sociaux tendent de plus en plus par leur fréquence et leur rapidité vers la « commercialité, » et cette condition est bien loin d'être réalisée à l'époque du Bas-Empire, qui est caractérisée par une crise économique, une dépression du crédit. La tendance n'était-elle pas plutôt d'améliorer la condition des obligés pour autrui ? L'introduction du bénéfice de division au profit des débiteurs engagés par un pacte de constitut et celle du bénéfice d'ordre au profit des diverses cautions [2] (c'est l'œuvre de Justinien), ne s'inspirent pas uniquement de l'esprit d'équité, de la réaction contre le caractère unilatéral de la fidéjussion ; des raisons d'ordre public, le désir ou même la nécessité de venir en aide aux débiteurs obérés ne furent peut-être pas sans influence sur ces réformes. Ce n'est pas par métaphore qu'on parle de la misère du Bas-Empire, qui se manifeste par le dépeuplement des campagnes, le déclin du commerce et de l'industrie, misère que la pompe des constitutions de Justinien ne suffit pas à voiler.

Mais, si la fidéjussion et la solidarité coexistent, je ne sais quelle force d'attraction les pousse à se

---

[1] Cf. la Novelle 99.

combiner entre elles, à se compléter mutuellement.
L'esprit ingénieux des créanciers crée un double
courant en sens inverse. La fidéjussion se rapproche
de la solidarité par la renonciation aux bénéfices de
division et de discussion, qui est à mon sens l'origine
éloignée du cautionnement solidaire. La corréalité
comble ses lacunes et confirme l'énergie de ses effets
en s'adjoignant la fidéjussion (*fidejussio alterna* des
correi.)

1° *Renonciation du fidéjusseur aux bénéfices de division et de discussion.*

α. Bénéfice de division. — Il ne nous paraît pas
contestable que le fidéjusseur puisse renoncer au bénéfice de division. A la différence des lois Furia et
Cornelia, le rescrit d'Adrien ne reposait pas sur des
considérations d'ordre public; c'était une faveur
équitable faite à l'intérêt individuel. La division ne
s'opérait pas *ipso jure*, mais *exceptionis ope* [1]. (L. 36
et 28. Dig. *de fidejussoribus*.) En droit, le principe
de l'obligation au tout subsistait; il n'était que paralysé,
une convention pouvait lui rendre son énergie virtuelle.

Puisque le fidéjusseur pouvait renoncer tacitement
au bénéfice de division, en n'opposant pas l'exception
« *si non et illi solvendo sint*, » pourquoi n'aurait-il
pas pu y renoncer expressément? Et cette conclusion
paraît certaine, si l'on remarque qu'en promettant

---

[1] Exception *si non et illi solvendo sint*.

« *ut correus non socius* » le garant eût par cela même été privé du bénéfice de division.

β. De même le fidéjusseur, si l'on s'en tient à la Novelle 4, pouvait renoncer au bénéfice de discussion, lors de la conclusion du contrat. Notre raisonnement est identique au précédent. Si le fidéjusseur peut renoncer tacitement au bénéfice d'ordre, en ne l'opposant pas *in limine litis*, pourquoi une renonciation expresse, *in ipso negotio*, serait-elle inefficace ? Le droit à la discussion n'est pas d'ordre public, puisqu'il est exclu nécessairement de la solidarité.

Notons que la Novelle 4 privait les *argentarii* du bénéfice de discussion, afin de faciliter le recouvrement des créances commerciales. Mais à l'inverse, les cautions de leurs débiteurs pouvaient se prévaloir de la discussion contre les *argentarii*.

Ceux-ci protestèrent et ils obtinrent de Justinien, par la Novelle 136, le droit d'exiger la renonciation des fidéjusseurs, et cette clause dut devenir de style. (La législation des *argentarii* est en effet l'origine du droit commercial moderne.) Justinien aurait ainsi rendu aux *argentarii*, vis-à-vis des cautions de leurs débiteurs le bénéfice du droit commun. A l'égard de toutes autres personnes, la pensée de Justinien est obscure [1].

2° *Fidejussio alterna des correi.*

En sens contraire, la corréalité complète ses effets par sa combinaison avec la fidéjussion. Cette combi-

---

[1] *Vide* (Accarias, Note 2, p. 197, t.II, 4ᵐᵉ édition).

naison est la *fidejussio alterna* des *correi*. (Fg. 11,
§ 1. Dig. *de duobus reis* de Papinien.)« *Reos promittendi* [1] *vice sua fidejussores non inutiliter accipi
convenit.* » Le but du créancier en recourant à la
fidejussio alterna était de consolider son droit ; intervenue entre *correi*, celle-ci constituait une solidarité
aggravée.

Tout d'abord, le créancier conservait tous les avantages de la solidarité :

1° Droit de poursuite *in solidum* contre chacun des
correi. On peut argumenter en ce sens du fragment 11
de duobus reis. « *Reus itaque stipulandi actionem
suam dividere si velit, neque enim dividere cogen-
dus est,* » et de la Novelle 99, qui accorde aux «*correi
vice alterna fidejussores* » les avantages attachés
au bénéfice de division.

2° Droit d'exiger le paiement de l'un quelconque des
correi, sans être astreint à aucun ordre. (Arg. *a
contrario* de la Novelle 99.)

En outre, le créancier acquiert des droits plus
étendus.

Si le fait de l'un des *correi* rejaillit sur les autres,
(Fg. 18 *de duobus reis*. Dig. XLV, 2), les conséquences de la demeure sont personnelles à celui qui est
constitué *in mora*. (L, 32, 4. Dig. *de usuris*, XXII, 1).

---

[1] C'est bien de codébiteurs solidaires qu'il s'agit dans ce
texte. (Dans notre sens, Cujas. Resp. Papin, L. XI, t. IV,
p. 1311 ; de Savigny, *Obligations*, § 25, N° 1 ; M. Tartari,
thèse de doctorat, 1875, p. 152.)

Alterius factum alteri quoque nocet. Alterius mora alteri non nocet. Au contraire, non seulement le fait mais encore la demeure du débiteur principal rejaillissent sur le fidéjusseur, parce que l'obligation de celui-ci est accessoire. « *Cum reus moram facit et fidejussor tenetur.* (L. 24, *de usuris*, 22, 1.)

L'adjonction de la fidéjussion rend chacun des codébiteurs solidaires responsable de la demeure des autres [1].

On concevrait encore aujourd'hui une pareille combinaison ; la solidarité serait aggravée par la fidéjussion, de même que le cautionnement peut être fortifié par la solidarité. (Cautionnement solidaire.) Sans doute aujourd'hui (Art. 1205 Code Civil) la perte de la chose par la faute ou pendant la demeure de l'un de plusieurs débiteurs solidaires ne décharge pas les autres, mais d'après une théorie de Dumoulin et de Pothier fondée sur une fausse interprétation de la loi 18 *de duobus reis* et de la loi 32-4 *de*

---

[1] Cette combinaison n'est pas sans utilité pour les codébiteurs solidaires ; le *correus* qui a payé peut recourir contre les autres par l'action *mandati* sans avoir à prouver l'existence d'une société.

Il jouit de la cession d'actions même s'il n'est pas *socius*.

Il peut opposer une cause de compensation ou un pacte de remise du chef d'un *correus*, jusqu'à concurrence de la part de celui-ci, même à défaut de société. (Accarias, t. II, p. 208.)

usuris, les codébiteurs qui sont étrangers à la faute
ou à la demeure ne répondent que de la valeur de la
chose, non des dommages-intérêts. « *Factum vel
mora nocet ad perpetuandam, non ad augendam
obligationem.* » Tout au contraire, le caractère accessoire a pour effet de la perpétuer à sa charge même
pour les dommages-intérêts, quand la chose due périt
par la faute ou pendant la demeure du débiteur principal. On aperçoit aisément l'utilité de notre combinaison.

Il ne faut pas voir dans la Novelle 99 une tentative
de fusion entre le cautionnement et la solidarité ; elle
réglemente la *fidejussio alterna.*

Arrivés à ce point de notre étude, après avoir suivi
dans leur développement parallèle le cautionnement
et la solidarité, depuis le moment de leur séparation,
il faut nous demander si ces deux institutions, non
par leur propre action, mais par celle du législateur, ne viennent pas se fondre en une seule. Souvent
nous avons saisi entre elles des points de contact.
Entre la fidéjussion à l'origine et la solidarité, la
différence est à peine sensible quant aux effets. Nous
voyons dans la *fidejussio alterna,* telle qu'on la
trouve en vigueur dans les textes de l'époque classique, la solidarité chercher dans la fidéjussion un
complément d'énergie. Ce serait, maintenant, plus
qu'un contact accidentel, ce serait une véritable
fusion, s'opérant par l'effet de la Novelle 99 de l'empereur Justinien, qu'il nous serait donné de constater.

Beaucoup de nos anciens auteurs [1] l'ont cru ; il leur a semblé que cette Novelle avait accordé aux codébiteurs solidaires les avantages attachés au bénéfice de division et de discussion. Justinien ne nous présente-t-il pas la Novelle 99 comme un complément de celle qui avait introduit le bénéfice de discussion ? La désuétude progressive dans laquelle étaient tombées les formules, en faisant disparaître le critérium de distinction visible, n'avait-elle pas en quelque sorte préparé cette fusion ? Quoi d'étrange à une époque de trouble dans les idées juridiques, où l'esprit d'analyse s'affaiblit, dans cette tentative d'unification !

Il faut épargner à Justinien une telle critique. Il n'a pas confondu la fidéjussion et la solidarité, mais bien plutôt il les a très nettement distinguées. L'analyse élémentaire ne peut les confondre, alors qu'une évolution de plusieurs siècles a tendu à les séparer de plus en plus, en imprimant à la fidéjussion un caractère nettement accessoire. Les jurisconsultes du Bas-Empire ont été à trop bonne école, pour qu'une semblable erreur portant sur l'essence même des choses ait pu être commise par eux. Voici une raison théorique qui *a priori* semble rendre inadmissible l'interprétation que l'on donne de la Novelle 99.

La Novelle 99 vise uniquement la *fidejussio alterna*. La rubrique « *de reis qui mutua fidejussione tenentur* », la position de l'espèce le prouvent jusqu'à

---

[1] Pothier n'est pas de ce nombre. (Tome III, des Oblig., page 167.)

l'évidence. En voici l'analyse : « Le *correus* poursuivi
in solidum alléguera sa qualité de *fidejussor alternus*
pour exiger la mise en cause de ses codébiteurs présents ;
puis le juge divisera la dette par portions égales
entre tous ceux dont il aura vérifié la solvabilité [1]. »
Justinien étend aux *fidejussores alterni*, pour ce qui
excède leur part personnelle, les avantages attachés
aux bénéfices de discussion et de division.

C'est la *fidejussio alterna* que Justinien règlemente
et en la règlementant il la transforme. Nous assistons
à une évolution de détail curieuse, à un de ces changements dignes d'attention par leur caractère imprévu.
Tout-à-l'heure, nous avons vu la fidéjussion aggraver
les effets de la solidarité et maintenant, au contraire,
loin de les aggraver, elle les atténue.

Le cautionnement solidaire que nous étudierons
dans la suite est une combinaison stable des éléments
du cautionnement et de la solidarité, qui, au dire de
quelques-uns, prépare la fusion future de ces deux
institutions. La *fidejussio alterna* des *correi* est une
combinaison accidentelle de ces mêmes éléments. De
part et d'autre, nous sentons la force d'attraction
réciproque du cautionnement et de la solidarité. Dans
le cautionnement solidaire, c'est la solidarité qui attire
à elle le cautionnement ; dans la *fidejussio alterna*
nouvelle, c'est la fidéjussion qui vient tempérer la
solidarité, en l'absorbant partiellement.

Néanmoins, même après la Novelle 99, comme

---

[1] Accarias, t. II, p. 207.

de nos jours, le cautionnement et la solidarité conservent leur individualité juridique, leur domaine distinct.

CONCLUSION

Nous croyons pouvoir tirer de notre étude les conclusions générales suivantes :

A l'origine de Rome la solidarité et le cautionnement sont confondus, ou plutôt la solidarité existe seule, mode normal d'engagement des membres d'un même groupe familial. La naissance du droit individuel provoque celle du cautionnement. Très voisine au début de la solidarité, là *sponsio* tend peu à peu à s'en distinguer sous l'influence toujours croissante de l'effort individuel, qui cherche à rompre la solide unité du groupe familial ou de la *gens*. La crise sociale des dettes précipite cette distinction, qui est complète au VIIme siècle de Rome. Elle est même si radicale qu'une réaction exagérée se produit.

La fidéjussion, avec sa formule énergique, marque une confusion nouvelle de la solidarité et du cautionnement, confusion passagère en vérité, car le progrès de l'équité, la décadence du formalisme, une analyse juridique plus fine, produisent une séparation définitive de la solidarité et de la fidéjussion. Leur constitution distincte se manifeste par une différence essentielle. L'obligation solidaire est principale, celle du fidéjusseur n'est qu'accessoire. Celui-ci jouit des bénéfices de division et de discussion dont le codébiteur solidaire est privé.

B. — Deuxième période

Période franque et coutumière jusqu'à la rédaction
du Code Civil

Quand on ouvre les traités juridiques des XVIme,
XVIIme et XVIIIme siècles, on est frappé de la ressemblance, ou plutôt de l'identité de la situation de la
caution d'après le droit moderne et de celle du fidéjusseur d'après le *corpus juris* et la Novelle 4 de
Justinien. Dans les œuvres de Basnage et de Pothier,
pour citer deux des plus illustres jurisconsultes de cette
période, le fidéjusseur se présente à nous avec les
caractères que nous avons reconnus en lui à la fin du
Droit romain. La fidéjussion se distingue nettement
de la solidarité, soit quant à ses conditions de formation ou d'extinction, soit même quant à ses effets.
L'obligation du garant est accessoire, et partant on lui
reconnaît les bénéfices de cession d'actions, de division
et de discussion. La dette du fidéjusseur est transmissible à ses héritiers. A la lecture de ces divers textes,
on ne pourrait pas soupçonner qu'il en ait été jamais
autrement. Et cependant, si l'on se place à l'origine
de notre Droit français, la condition de l'obligé pour
autrui était bien différente de celle qu'on vient d'analyser brièvement.

Au début de cette seconde période, la condition de

9

la caution est ou confondue avec celle de l'obligé principal, ou incomplètement séparée de celle-ci. Dans les
pays du Midi, la séparation de la fidéjussion et de la
solidarité est déjà commencée; dans les régions situées
au Nord, où l'influence du Droit barbare était sinon
exclusive, du moins prépondérante, la confusion est
presque entière. C'est seulement au XVIme siècle que
l'évolution ayant été achevée d'une part, accomplie
de l'autre suivant une loi semblable, le fidéjusseur sera
traité pareillement dans les pays de Droit écrit et dans
les pays de coutume, sous l'influence croissante du
Droit romain. Si donc le point d'arrivée de ces deux
évolutions parallèles est identique, leur point de départ
est bien différent. Voilà pourquoi il est impossible,
si on a quelque souci de l'exactitude et de la clarté
des idées, de ne pas diviser notre examen en étudiant
séparément le droit de la fidéjussion dans les pays du
Midi, où l'influence romaine, sans être exclusive, fut
néanmoins prépondérante, et dans les régions du Nord,
où le Droit germanique, quoique tempéré après coup
par la loi romaine, fit particulièrement sentir son
influence.

PREMIÈRE PARTIE

HISTOIRE DU CAUTIONNEMENT DANS LES RÉGIONS MÉRIDIONALES,
PAYS DE DROIT ÉCRIT.

Dans les derniers temps de l'Empire, les sources du
Droit romain en vigueur dans la Gaule se compo-
saient, pour le Droit ancien, des écrits des cinq jurisconsultes reconnus par la loi des citations ; pour le
Droit nouveau, des Codes Grégorien, Hermogénien,
Théodosien et des Novelles, suite et complément de
ce dernier code. Lorsque les Barbares se furent établis
au Sud de la Gaule, ils laissèrent aux Gallo-Romains
l'usage de leurs lois propres. Ces lois recueillies et
simplifiées, mises en harmonie avec l'ordre de choses
nouveau, formèrent le Bréviaire d'Alaric (loi romaine
des Wisigoths), et le Papien (loi romaine des Bourgui-
gnons). « Ce n'était point du Droit romain pur, écrit
M. Ginoulhiac[1] , mais ses principales institutions
s'étaient conservées. Aux réformes déjà accomplies
par les rédacteurs du Bréviaire viendront s'en ajouter
d'autres, qui les complèteront et constitueront le Droit
romain classique; mais ces dernières, celles de
Justinien, ne pénètreront que beaucoup plus tard dans
la Gaule, où le Droit romain en vigueur restera, en

---

[1] M. Ginoulhiac, *Histoire du Droit*, p. 227.

général, jusqu'au XIIIme siècle celui de la loi romaine des Wisigoths et du Papien Bourguignon.» Voilà de quels éléments, si on y ajoute les éléments germaniques, se formèrent les coutumes de notre pays de droit écrit.

Quelle était donc dans nos régions méridionales la condition de la caution? Elle était réglée par les principes du Droit romain antérieur à Justinien, tel que nous l'avons défini, modifié quelque peu par les principes des lois barbares et assez gravement par les usages commerciaux.

CONDITION ORIGINAIRE DU FIDÉJUSSEUR

C'est précisément celle que nous avons trouvée en Droit romain avant Justinien. La condition du fidéjusseur n'est pas encore complètement distincte de celle du débiteur solidaire. La fidéjussion ne constitue pas encore un engagement nettement accessoire.

α. Le fidéjusseur jouissait « *jure communi* », avant que l'influence du Droit germanique et celle du commerce se fussent exercées, du bénéfice de division, introduit par le rescrit d'Adrien. La *lex Romana Wisigothorum* admet le bénéfice de division au profit des fidéjusseurs. « *Item inter fidejussores ex edicto prætoris, si solvendo sint, licet singuli in solidum teneantur, obligatio dividetur* [1]. »

---

[1] Ce texte est tiré des sentences de Paul, liv. 1, tit. 20, *de fidejussore et sponsore* ; texte et *interpretatio*, édition Hœnel.

β. Le fidéjusseur ne jouissait pas du bénéfice de discussion; il n'y a pas lieu de s'en étonner. Ce bénéfice fut introduit dans la législation romaine en 539, par la Novelle 4 de Justinien. A ce moment, la Gaule était perdue pour l'empereur de Constantinople; la Novelle 4 resta donc inconnue jusqu'à l'introduction ou plutôt la renaissance du Droit romain de Justinien. Nous avons des preuves positives de cette assertion. C'est seulement au XIIme siècle et au commencement du XIIIme, que l'on voit ce bénéfice apparaître comme une nouveauté dans plusieurs coutumes méridionales, Arles, Salon, Aix; il était donc inconnu antérieurement dans la pratique.

γ. Suivant la tradition romaine, l'obligation du fidéjusseur devait être considérée comme accessoire, au point de vue de ses conditions d'existence. La fidéjussion revêt notamment ce caractère dans la coutume de Montpellier de 1205, qui ne fit probablement que consacrer un droit préexistant. La fidéjussion (*fermansa-assurance*) est « un contrat accessoire rattaché à un contrat principal dont il est la garantie[1].» Partant la nullité de la dette cautionnée entraîne celle du cautionnement. (Art. 68, *Coutume de Montpellier* de 1205, *Petit Thalamus.*) « *Si pecunia detur ludentibus mutuo, creditor contra accipientem vel contra fidejussorem nullam habeat actionem, nec inde audiatur.*»

---

[1] M. Vigié, page 2, *loc. cit.*

δ. L'obligation du fidéjusseur était transmissible à ses héritiers, avant que l'influence du Droit germanique fût venue apporter quelques restrictions à cette règle. « En fait sous cette influence, beaucoup de fidéjusseurs, dans les actes, limitaient leurs engagements à la durée de leur vie, et évitaient ainsi la transmission de leur engagement à leurs héritiers. » (M. Vigié, p, 8, *Coutume de Montpellier*; *Vide Cartulaire* de Saint-Victor de Marseille, Nˢ 558-565, année 1055.) Voici le texte du N° 565 (année 1055.).

« *Ipse Durandus guerpitionem palam fecit et fidejussorem Poncium Amelium dedit, ut si ipse Durandus aliquid tulerit aut adprehenderit, ipse Poncius de suo proprio emendet, aut monachi Sancti Victoris de dominio ipsius Poncius adprehendant, quamdiu ipse Poncius vixerit.* » Il fallait insérer une clause pour écarter la transmission de l'obligation aux héritiers, qui suivant le Droit romain était admise. On croit ici sentir l'influence de la loi des Burgondes. (82, 2, *de fidejussoribus.*) : « *Aut si fidejussor mortuus fuerit, hæredes mortui judicem loci interpellent ut ejus ordinatione pars adversa alium fidejussorem ipsa conditione cogatur accipere et ab hæredibus fidejussoris mortui nihil quæratur.* » (Cf. Cap. div. A. 875, C. 42; Pertz, *leges* I, 527.)

On peut argumenter également, pour établir la transmissibilité originaire de l'engagement du fidéjusseur, de l'Article 14 de la *Coutume de Montpellier* « *Heredes seu filii fidejussorum non tenentur de fidejussione ab eis facta post mortem eorum, nisi lis cum eo qui fidejussit fuerit constestata, vel de eo querimonia curiæ exposita.* » Soit qu'on explique ce texte par la pénétration du Droit germanique, soit qu'on le considère comme le produit de la révolution locale, qui aurait rendu moins onéreuse l'obligation de plégerie que le vassal doit remplir vis-à-vis du suzerain [1], on ne saurait nier qu'il constitue une innovation, et qu'à l'origine de notre période l'obligation du fidéjusseur était transmissible à ses héritiers.

Telle était la condition originaire du fidéjusseur ; plusieurs causes vinrent la modifier. Deux d'entre elles tendirent à rapprocher le cautionnement de la solidarité : le Droit germanique d'abord, les besoins du commerce ensuite. Tout au contraire, la renaissance et l'expansion du Droit romain de Justinien eurent pour effet d'améliorer progressivement la condition du fidéjusseur, en imprimant à son engagement un caractère accessoire de plus en plus marqué. Cette influence du Droit romain, d'abord atténuée ou paralysée par les deux premières, gagna peu à peu du terrain et au début du XVIᵐᵉ siècle elle avait définitivement triomphé.

----

[1] M. Vigié, page 10, *loc. cit.*, paraît pencher vers cette seconde explication.

A. — Influence germanique

Cette influence est certaine ; nous en avons constaté un premier effet en ce qui concerne la transmissibilité de l'obligation de la caution. A l'exemple de la caution du Droit germanique, le fidéjusseur chercha à limiter à sa vie la durée de son engagement.

Dans l'ensemble, le Droit germanique tendit à rendre l'obligation du fidéjusseur plus rigoureuse. Comme nous l'établirons dans la suite, la caution du Droit germanique, semblable à l'*adpromissor* romain primitif, a une position avancée. C'est un véritable débiteur principal. Solidarité et cautionnement sont confondus. En outre, le garant est soumis à une procédure très énergique, la saisie privée (*pignoratio*). Le danger de cette position n'est atténué que par l'énergie du recours, dont le véritable intéressé est passible, par une sorte de compensation du risque qu'il fait courir à la caution.

Le Droit germanique aggrava doublement la situation du fidéjusseur :

1° Il provoqua l'introduction dans les actes de fidéjussion d'une stipulation d'un droit de saisie privée au profit du créancier contre le fidéjusseur. Il semble même à la lecture des textes que ce droit de saisie n'était pas considéré comme exorbitant mais plutôt comme une application du droit commun. De plus, concurremment avec l'influence des nécessités commerciales, l'influence germanique favorisa la pratique des renonciations au bénéfice de division déjà ancien et au bénéfice de discussion qui, vers le XIIme siècle, commence à se répandre. Le Cartulaire de St-Victor de Marseille, nous fournit une preuve saisissante de cette double assertion. (N° 945, année 1234.) « *Pro quibus omnibus supradictis attendendis et complendis exstiterunt fidejussores dicto Durando pro hominibus supradictis Dodonus et W. Peronetus et Martinus P. qui renunciaverunt beneficio epistule Adriani et novis constitutionibus* » — « *et quod posset (Durandus) eos pignorare auctoritate propria per se vel per interpositas personas.* »

2° De plus, l'influence germanique retarda la diffusion du bénéfice de discussion. (Novelle 4.)

Toutefois, si le Droit germanique avait aggravé la condition du fidéjusseur, il avait aussi contribué à fortifier son recours.

Les *leges* arment le fidéjusseur pour son recours d'une saisie extrajudiciaire. (Esmein, *Étude sur les contrats dans le très ancien droit français*, page 88 et sq.) Elles laissèrent quelques traces dans les coutumes méridionales, où sous la double influence germanique et commerciale le fidéjusseur tendait à occuper une position avancée. La coutume de Bayonne (Ch. LIII, § 1er; Ch. XLV, § 1er) reconnaît à la caution le droit de saisir extrajudiciairement les biens du débiteur principal. Cet usage était général dans le Midi. (Béarn,

Toulouse, Perpignan) [1]. En ce qui touche la ville d'Apt, M. Giraud [2] nous fournit une preuve de ce droit de *pignoratio* du fidéjusseur « *quod tum prædictus fidejussor seu fidejussores possint prædictos dominos seu eorum subjectos pignorare.* »

En somme, l'influence des lois barbares peut être ainsi résumée : elle aggrava la condition du fidéjusseur qu'elle rapprocha de celle du débiteur solidaire, tout en fortifiant, par compensation, son recours contre le débiteur principal.

B. — Influence du commerce.

En même temps, les besoins du commerce tendaient à modifier la situation du fidéjusseur telle que nous l'avons décrite et à rapprocher la fidéjussion de la solidarité ; de plus, ils retardaient le développement du Droit romain, dont l'équité eût singulièrement adouci l'engagement de la caution.

C'est un principe admis de tout temps en matière commerciale qu'entre coobligés (pour cause commerciale) la solidarité se présume. (Fremery, *Études de droit commercial*, Ch. III, *De la Solidarité.*) Le com-

---

[1] *Vide* sur ce point : Balasque et Dulaurens, *Études hist. sur la ville de Bayonne*, 1862-1875, tome II. Ouvrage rapporté par M. Esmein, *loc. cit.*, page 137.

[2] *Histoire du Droit français au Moyen Age*, XXIII, page 141.

merce répugne par essence aux lenteurs qu'amène
la discussion du principal obligé; il faut que les paiements soient rapides et non divisés. Cette tendance
du cautionnement vers la solidarité a été constatée
plus haut à propos du pacte de constitut et de l'étude
de la condition de l'*argentarius* caution ou créancier
garanti par une caution. Quand aux Xme et XIme siècles,
le Midi de la France fut devenu le siège d'un commerce très actif, on chercha à perfectionner les moyens
de crédit préexistants; la caution devint un coobligé
solidaire. Dans plusieurs cités commerçantes du Midi
cette évolution est évidente.

A Montpellier , le cautionnement consiste en un
engagement solidaire des fidéjusseurs et du véritable
intéressé; de ce principe découlent deux conséquences:

1° Le fidéjusseur ne jouit pas du bénéfice de discussion. (Art. 73.) « *Debitores vel fidejussores pro
arbitrio petentis prius vel posterius conveniuntur.* »
(Coutume de 1205.)

2° Les cofidéjusseurs ne peuvent se prévaloir du
bénéfice de division. «*Fidejussores sine remedio divi
Adriani solvere coguntur.* » (74.) Ces principes sont
confirmés par les statuts des Consuls de Montpellier
du 1er Août 1223.

Les codébiteurs solidaires, dit en substance ce texte,
peuvent être poursuivis pour le tout[1] : « *Licet non sit
renunciatum beneficio novæ constitutionis quæ*

---

[1] Layettes du Trésor des chartes, N° 593.

*loquitur de duobus reis vel epistolæ divi Adriani,
vel alii juri quod de dividenda obligatione loquatur.
Et idem in fidejussoribus observatur.* »

L'influence commerciale est d'autant plus sensible dans ces Articles 73 et 74, qu'au moment de leur rédaction, le Droit romain, déjà très répandu dans le Midi, avait modifié sensiblement la matière de la fidéjussion dans plusieurs villes voisines.

Nous avons également constaté l'habitude de renoncer aux bénéfices de division et de discussion à Marseille. (Cartulaire de Sᵗ-Victor, Nº 945, *anno* 1234, et dans la coutume d'Agen [1].)

L'Article 76 de la coutume de Toulouse est non moins formel dans cette assimilation du fidéjusseur au codébiteur solidaire : « *Creditor ille de consuetudine Tholosana potest principalem debitorem sive principales cives Tholosæ convenire et petere, et recuperare ab eodem vel ab eisdem, et tenentur et debent debitores seu fidejussores Tholosæ cives totum illud solvere creditori* « *quamvis etiam fuerit alligatum primum principalem debitorem esse conveniendum.* » On va même jusqu'à exclure comme contraire au crédit le bénéfice de discussion [2].

---

[1] *Archives municipales d'Agen,* t. 1ᵉʳ, chartes, 1ʳᵉ série, Nº 9, p. 10, 6 Septembre 1218. Texte rapporté par M. Vigié, p. 14, *loc. cit.*

[2] Cf., Nº 3923, t. III. Layettes du Trésor des chartes. « *Cum vos, pro dicto comite Tholosano, nobis exstiteritis, fidejussores et principales.* » (9 Mars 1251.)

On trouve très nettement exprimée la raison de cette solution dans un acte du 13 Mars 1257. « *Præterea ad majorem securitatem ex parte dictorum mercatorum habendam*. » Pour assurer plus de sécurité aux marchands, avec lesquels il traite, Jean de Mara, après s'être engagé lui-même en tant que principal débiteur, renonce aux exceptions du fidéjusseur, et, notamment, à celle qui résulte du rescrit d'Adrien [1].

Ainsi, longtemps les praticiens tinrent en échec l'influence du Droit romain, en introduisant dans les actes des clauses portant renonciation aux bénéfices de division et de discussion.

C.— Influence du Droit romain

Cependant le Droit romain, dès le milieu du XIIme siècle, commença à exercer son empire sur la législation des pays du Midi de la France, et bientôt il tendit à imprimer à l'obligation du fidéjusseur un caractère accessoire. La Novelle 4, qui introduisit le bénéfice de discussion, parut équitable. A force d'aggraver la condition des fidéjusseurs, on avait limité le crédit; l'obligation des cautions était trop lourde pour qu'une personne prudente osât fréquem-

---

[1] Voir le texte. M. Vigié, *loc. cit.*, p. 14, *in fine*, 15, *in principio*.

ment l'assumer. Adoucir la condition du fidéjusseur, surtout dans le Droit civil, plus équitable que le *jus mercatorum*, c'était un moyen sûr de relever le crédit. Le bénéfice de discussion pénètre successivement à Arles (Statuts de 1162-1202 ; Ch. Giraud, t. II, p. 189), à Salon (Coutume de 1203 [1]), à Aix (C. Gir., t. II, p. 20 et 23). Quant au bénéfice de division déjà connu à l'époque précédente mais paralysé dans son application, il reprend une force nouvelle sous l'action du Droit romain qui renait. A partir du XVIme siècle, il est admis sans difficultés par les auteurs de Droit français.

Toutefois, même au XVIme siècle, dans le Midi, la solidarité des fidéjusseurs commerciaux est généralement admise; ils sont dépourvus des bénéfices de division et de discussion. (Julien, *Éléments de jurisprudence,* p. 367.)

Conclusion à tirer de l'étude de la fidéjussion dans le Midi de la France depuis l'époque franque. Le caractère accessoire de la fidéjussion se précise et se complète, malgré une fusion passagère de la solidarité et du cautionnement.

Au début de cette période, la condition du fidéjusseur est réglée par le Droit romain antérieur à Justinien. L'engagement de la caution n'est qu'imparfaitement accessoire. Si le bénéfice de division est

---

[1] Ch. Giraud, t. II, p. 299.

accordé au fidéjusseur, le bénéfice de discussion lui fait défaut. D'ailleurs l'obligation de celui-ci passe à ses héritiers.

Mais la double influence du Droit germanique et des usages commerciaux tend à aggraver la situation de la caution, en la modelant sur celle du débiteur solidaire.

Sous l'influence des *leges*, on voit s'introduire dans les actes une clause en vertu de laquelle la saisie privée ou *pignoratio* est accordée au créancier contre le fidéjusseur, garanti en revanche par la même voie d'exécution contre le débiteur principal.

Les usages commerciaux amènent l'exclusion légale ou conventionnelle des bénéfices de la caution, qui devient un véritable débiteur solidaire.

Cependant l'autorité croissante du Droit romain ne tarde pas à prévaloir et la situation de la caution est améliorée par une législation équitable. Le rescrit d'Adrien reprend sa force ancienne, tandis que la Novelle 4 pénètre dans les coutumes du Midi. Seul le cautionnement commercial reste solidaire. Au XVIme siècle l'évolution provoquée par la renaissance du Droit de Justinien est achevée.

Le fidéjusseur est alors un simple obligé accessoire ; il n'a pas la position avancé de la caution germanique, mais s'est replié derrière le débiteur principal, pour ne plus constituer qu'un renfort.

On est arrivé au même point qu'en Droit romain, après la Novelle 4 de Justinien.

DEUXIÈME PARTIE

CHAPITRE PREMIER

LOIS BARBARES

Confusion originaire de la solidarité et du cautionnement d'après les *leges*. Position avancée du fidéjusseur.

Explication des caractères du cautionnement.

Analyse de la condition du fidéjusseur.

Quand on étudie le cautionnement d'après les lois
barbares, on est frappé par la position avancée de la
caution. Celle-ci se tient sur la même ligne que le
débiteur principal, et parfois même la personnalité
juridique de celui-ci paraît s'effacer derrière celle de
la caution. On est frappé aussi de l'analogie que présentent la fidéjussion des lois barbares et l'*adpromissio* du vieux Droit romain [1]. C'est qu'en effet, la simili-
tude des conditions économiques entraîne comme une

---

[1] Cette analogie a été aperçue par M. Marcel Fournier
(p. 21. *loc. cit.*) et M. Esmein, *Contrats* dans le très ancien
Droit français, p. 140

10

conséquence nécessaire celle des institutions. L'évolution historique des peuples de la race indo-européenne
se présente avec des caractères presque identiques.
Or, à l'époque des invasions, l'état économique et
juridique des peuples de race germanique est assez
semblable à celui des Romains primitifs.

De part et d'autre nous trouvons une organisation
de la famille sur les mêmes bases et le formalisme
marquant d'une forte empreinte tous les actes de la
vie juridique.

α SOLIDARITÉ DE FAMILLE

La famille germanique ancienne formait, dit M. Ginoulhiac (p. 116, *loc. cit.*), un tout composé de membres solidaires les uns des autres, étroitement unis
entre eux par les droits et les devoirs. » Le sol
était attribué à la famille groupée d'ordinaire en un
même lieu. (César, *de bello-gallico*, 6, 22.) « *In annos
singulos gentibus cognationibusque hominum, qui
una coeirint, quantum et quo loco visum est agri
attribuunt.* » Puisque la famille est seule propriétaire
du patrimoine commun, elle est nécessairement titulaire
des obligations et des créances. Le « collectivisme »
familial engendre la solidarité d'engagement. Si la
famille venge celui de ses membres qui est lésé et
réclame de son chef le *wehrgeld*, elle acquitte celui
d'entre eux qui par ses délits s'est rendu débiteur
d'une composition. (*Germania*, 21.) Cette organisation reposait sur l'assistance et la garantie mutuelle
des divers membres de la famille. La même solidarité

se trouve consacrée dans ses effets les plus importants par la loi Salique et celle des Francs Ripuaires.

Les membres de la famille doivent se porter mutuellement *cojuratores*, office qui n'est pas sans danger ! L'accusé a le droit d'appeler ses proches à son aide et de se purger à défaut de preuve par leur serment. Non seulement la famille contracte solidairement envers les tiers les obligations qui intéressent la communauté et ce sont les plus nombreuses, car les immeubles appartiennent en grande partie à la famille [1]; mais dans certains cas elle est tenue de répondre pour un de ses membres, sans avoir pris aucun engagement.

Un titre célèbre de la loi Salique, le titre de Chrenecruda (Salic, LVIII), est à cet égard une preuve saisissante. Ce titre suppose qu'un homme a été condamné, pour un homicide par exemple, à payer une composition, mais qu'il est insolvable ; ses proches sont obligés à payer pour lui. Le titre de Chrenecruda règle les formalités que le coupable doit accomplir pour faire passer la dette sur la tête de ses parents « par l'abandon de la maison et de l'enclos. » Ainsi la solidarité de famille apparaît comme très vivace dans la loi Salique.

---

[1] « Le seul immeuble qui soit vraiment soustrait à la propriété collective, c'est la maison et l'enclos qui l'entoure. (Esmein, p. 153, *loc. cit.*) La fortune individuelle se compose presque exclusivement de meubles, qui seuls constituent le gage des créanciers et sont susceptibles de saisie extrajudiciaire. »

Évidemment, à l'époque mérovingienne, tous les membres de la même maison devaient s'engager souvent pour leur chef. Dans la suite, les cautions sont le plus souvent des parents du débiteur; l'obligation de mutuelle garantie subsistera longtemps comme vestige de la vieille copropriété familiale.

La solidarité familiale explique le caractère principal de l'engagement du fidéjusseur, dont on peut dire qu'il n'est qu'une solidarité atténuée par un recours.

β. CARACTÈRE FORMALISTE ET UNILATÉRAL DE L'ENGAGEMENT DU FIDÉJUSSEUR

Le caractère principal de l'engagement trouve également son principe dans le formalisme juridique. La législation germanique primitive n'admet pas qu'un contrat puisse naître *solo consensu.* Il n'existe qu'autant qu'une forme déterminée ou une prestation (*res*) vient s'ajouter à l'accord des volontés. « D'après le Droit germanique, dit M. Sohm, il n'existe que des contrats formalistes ou réels, pas de contrats consensuels [1]. » Le cautionnement sera soumis à la loi générale, il naîtra du contrat formaliste « promesse unilatérale solennisée par un signe extérieur [2]. » (Esmein, p. 69). Le créancier ne contracte aucune obligation vis-à-vis du fidé-

---

[1] Voir sur ce point Esmein, *loc. cit.*, p. 6 et 7.

[2] Ce signe extérieur consiste tantôt en la *festuca* que le débiteur tend au créancier, ou dans le *wadium* (ou *wadia*), que celui qui s'engage remet au stipulant.

jusseur, donc il ne sera tenu à aucun ménagement et pourra traiter le garant comme un débiteur principal. La forme employée ne révèle pas le caractère accessoire de l'intervention du fidéjusseur.

Chez les Lombards, c'est la *wadia* qui crée la fidéjussion. Le débiteur principal s'engage envers le créancier en lui remettant la *wadia*, puis le fidéjusseur reçoit, à son tour, la *wadia* des mains du créancier « *dare wadiam et eam recipere per fidejussorem.* »

L'engagement du fidéjusseur se réalise donc par un contrat unilatéral, comme la *sponsio* ou la *fidepromissio* romaine.

La promesse formaliste et unilatérale (*fidem facere adhramire*) sert également dans le Droit franc à traduire l'engagement du fidéjusseur [1].

γ. La solidarité de famille, le formalisme juridique expliquent la position avancée du fidéjusseur dans les *leges* ; mais voici une considération de quelque utilité. C'est un caractère commun à toutes les législations primitives que la rigueur de l'obligation de la caution. Quand le créancier réclame des fidéjusseurs, c'est qu'il se défie particulièrement de la solvabilité de l'emprunteur et consent à traiter exclusivement sur la foi des garanties qu'on lui offre ; il ira droit au but et visera le garant, sans s'attarder à poursuivre un débiteur qu'il croit insolvable.

---

[1] *Vide* Esmein, p. 81, textes cités.

ANALYSE DE LA CONDITION DU FIDÉJUSSEUR D'APRÈS
LES LOIS BARBARES.

Nous sommes à même, maintenant, d'aborder l'analyse de la condition du fidéjusseur. C'est un véritable débiteur solidaire; quelquefois même les textes le présentent comme exposé en premier lieu aux poursuites du créancier. La saisie privée (*pignoratio*) est admise en général contre la caution, qui, par une juste compensation, est armée contre le véritable intéressé d'une voie de recours énergique.

Rigueur dans l'obligation, énergie dans le recours après paiement, tels sont les deux traits essentiels de la condition du fidéjusseur.

α. *Rigueur dans l'obligation*. — Le fidéjusseur ne jouit pas du bénéfice de discussion; le créancier peut le poursuivre sans avoir à établir l'insolvabilité du véritable intéressé. Toutefois, la loi Burgonde (IV-7) exige comme mesure préalable une triple interpellation adressée au débiteur principal. « *Si quis fidejussorem acceperit et ante eum pignorare præsumpserit quam auctorem suum, cum quo causam habet, præsentibus ter admonuerit testibus, pignora quæ tollere præsumpserit in duplo restituat.* Le Droit franc exige une mise en demeure [1].

En fait, c'est le fidéjusseur qui était poursuivi le

---

[1] Sohm, *Procédure de la loi Salique*. (Trad. Thévenin, p. 146.)

premier [1] . La loi des Burgondes n'appelle-t-elle pas le débiteur « *is qui sub fidejussore discesserit* ? Ne voyons-nous pas également dans le Droit franc le débiteur principal qualifié du nom de *debitor fidejussoris*. (Cap. de 785. C. 27; Pertz, 1, 50.) Ainsi le véritable intéressé semble se replier derrière le fidéjusseur ; il se produit comme une novation par changement de débiteur.

Dans la plupart des lois barbares, le fidéjusseur est soumis à une voie d'exécution très énergique, la saisie privée ou *pignoratio*. C'est le droit pour le créancier de saisir les biens de son débiteur de son autorité privée en vertu de la loi, et cette appréhension aboutit à une appropriation directe. Le contrat formaliste vaut titre exécutoire. Cette faculté exorbitante, alors que les lois barbares tendaient à la réglementer ou à la supprimer, se maintint contre le fidéjusseur. La loi Lombarde admet la *pignoratio* contre le fidéjusseur; la loi Salique maintient contre lui la *pignoratio* mitigée, et la loi Burgonde consacre la même solution dans son Titre XIX « *de ablatis pignoribus et fidejussoribus.* »

Puisque le fidéjusseur est traité comme un obligé principal, si plusieurs sont venus garantir une même dette, chacun d'eux est tenu *in solidum*. Le bénéfice de division est inconnu dans notre très ancien Droit français. Au temps de Beaumanoir, les cofidéjusseurs n'en jouissaient pas encore. (Ch. 43.)

---

[1] Esmein, *loc. cit.*, p. 85.

β. *Énergie dans le recours.* — Mais si le fidéjusseur est tenu d'une obligation si rigoureuse, les
leges lui reconnaissent le droit d'user contre le débiteur, pour le compte duquel il a payé, de voies de
recours très énergiques. Le fidéjusseur peut saisir les
biens du débiteur principal pour les donner en paiement
au créancier (Loi des Burgondes 5, 6, 39) et même
si le débiteur n'a pas en payant évité les poursuites
contre la caution, il est tenu envers son garant d'une
pœna privata. (Burg. XIX, 8 ; Francs Chamaves, 16. ;
Capitulaire 785, *c.* 27 ; Pertz, 1, 50.) « *Ille qui
debitor fidejussoris extitit, duplum restituat pro
eo quod fidejussorem in damnum cadere permisit.* »
De ce recours on peut rapprocher l'action *depensi*
organisée par la loi Publilia au profit du *sponsor.*
(Gaius, C. III, 127.) « *Et hoc amplius sponsores ex
lege Publilia habent actionem in duplum quæ
appellatur depensi.* »

Il est donc démontré que les lois barbares traitaient
le fidéjusseur comme un véritable codébiteur solidaire,
et que sa position avancée rappelle celle du *sponsor*
et du *fidepromissor* romains à l'origine.

INTRANSMISSIBILITÉ DE L'OBLIGATION DU FIDÉJUSSEUR GERMANIQUE, ÉLÉMENT MORAL DU CAUTIONNEMENT

Une autre ressemblance rapproche le fidéjusseur
germanique du *sponsor* et du *fidepromissor*; « l'intransmissibilité de son engagement à ses héritiers. »

Deux textes de l'époque franque que nous avons
déjà cités plus haut (Loi des Burgondes, 82, II *de*

fidejussoribus ; Capit. *a* 875, *c* 42 ; Pertz, *leges* 1, 527 ; Cf. Gaius, III, § 120) font mention de cette intransmissibilité, qui se perpétuera plusieurs siècles. « Le pleige mort, la pleigerie meurt », dit encore Bouteiller, dans sa *Somme rurale*, et nous lisons, dans le *Grand Coutumier de Normandie :* « Simple plévine ne descend pas jusqu'aux hoirs. » Nous avons expliqué, par avance, en étudiant la *sponsio* romaine cette intransmissibilité. L'obligation de la caution constitue un service de parent ou d'ami, c'est un engagement tout personnel. La fidéjussion s'analyse en une attestation d'honorabilité et le cautionnement est un acte où l'élément moral se confond avec l'élément pécuniaire. C'est ainsi que, plus tard, on trouvera dans le *Grand Coutumier de Normandie* cette curieuse formule : « Plévine est autant comme promesse de loyauté, car celui qui plège aucun promet que cil fera loyaulment, ce de quoy il le plège. » (Édition de Gruchy, p. 25.) On comprend à merveille que l'intransmissibilité primitive se soit maintenue en matière criminelle, alors que depuis longtemps le Droit civil l'avait rejetée. Dans le premier cas, le cautionnement était plus particulièrement un service d'ami, une déclaration d'honorabilité. (*Pratique d'Imbert,* Livre III, Ch. XVI.)

CHAPITRE DEUXIÈME

CAUTIONNEMENT OU PLÈGERIE AU MOYEN AGE DANS LE NORD
DE LA FRANCE ET DANS L'ANCIEN DROIT COUTUMIER.

Le Moyen Age jusqu'au XIVme siècle ne nous fera
pas assister à une marche rapide vers la distinction
de la solidarité et du cautionnement. Sans doute, la
copropriété familiale germanique tend à se dissoudre
de plus en plus. « Chez les races germaniques, la
propriété individuelle de la terre se développa rapidement après les invasions [1]. » Mais, néanmoins, un
devoir mutuel d'assistance survécut entre membres
de la même famille à la disparition de la solidarité
d'obligations. A une époque où le pouvoir central est
faible, les hommes sentent le besoin de se protéger
les uns les autres. De plus, l'association féodale, en
établissant entre ses divers membres des devoirs
mutuels d'assistance, favorisait le développement du
mode solidaire de garantie. Souvent les vassaux
durent remplir envers le suzerain l'obligation de
plègerie. « Si devons savoir, dit le *Grand Coutumier de Normandie* [2], que tous ceux qui ont fait
hommage sont tenus à plèvir leur seigneur de ses

---

[1] Esmein, p. 154, *loc. cit.*
[2] C. LX, p. 25.

debtes. » Bouteiller s'occupe longuement du fief de plejure. (*Somme rurale*, Livre Ier, Titre LXXXII.)

Ce principe était général (*Anc. Cout. de Normandie* Art. 205 ; Bretagne, Art. 85 ; Dauphiné, Salvaing de Boissieu, *Traité des Fiefs*.) Eh bien, cette obligation de plèvir, comme le devoir mutuel de garantie qui existait à Rome entre les membres de la même *gens*, contribua à perpétuer la confusion originaire de la solidarité et du cautionnement. Au reste, l'attribution d'un caractère accessoire à l'obligation du fidéjusseur suppose une analyse juridique assez délicate, le triomphe de l'équité sur le formalisme et le Droit strict. Or, au Moyen Age la plègerie, comme la fidéjussion de l'époque franque, est un contrat formaliste par essence et unilatéral. D'ailleurs à une époque où le crédit est peu développé, le créancier qui réclame une garantie fait peu de cas de la personne du principal intéressé, il compte uniquement sur la solvabilité de la caution,

Le plège est donc engagé aussi rigoureusement que le fidéjusseur des *leges* ; tout au plus chercha-t-on à réglementer le droit de saisie-privée en ce qu'il avait de trop brutal.

Est-ce à dire que nous n'aurons à constater aucun progrès pendant cette période ? Il n'en est rien, car ici il faut signaler un fait assez curieux qui prouve combien l'évolution que nous avons à étudier présente de ressemblance avec l'évolution du cautionnement à Rome. L'obligation du *sponsor* et celle du *fidepromissor* étaient intransmissibles à leurs héritiers ; la fidéjussion, œuvre de l'activité ingénieuse des créanciers, vint parer à cet inconvénient grave, qui rendait la garantie précaire et incertaine. Ainsi, sous l'influence des mêmes besoins, grâce à la prévoyance des créanciers, l'obligation du plège tendit à devenir transmissible à ses héritiers ; à côté de la simple plévine apparut la plègerie dette.

Nous sommes à même maintenant d'aborder l'analyse de la condition du plège.

La confusion de la solidarité et du cautionnement persiste dans la plègerie. — Analyse de la condition du plège :

a. Absence des bénéfices de division et de discussion ;

· *b.* Recours de la caution après paiement ;

c. Intransmissibilité de l'obligation aux héritiers.— Réforme tentée sur ce point,

La caution s'engage comme le fidéjusseur de l'époque franque par un contrat formaliste, la plévine. Le plège s'oblige par la foi et le serment, généralement en mettant sa main dans celle du créancier (*fides manualis*) [1]. Cet engagement est purement unilatéral. Le plège est traité comme un véritable débiteur solidaire et ne jouit ni du bénéfice de discussion, ni du bénéfice de division.

α. Absence du bénéfice de discussion. — Elle résulte de deux textes. L'un est tiré des Établissements de St-Louis (I, 122, édit. Viollet.) « Car il est à

---

[1] Sur le contrat formaliste au Moyen Age, voir Esmein, *loc. cit.*, p. 95 et sq.

la volonté dou deteur (créancier) de soi prendre au plège ou au deteur principal, selon l'usage d'Orlenais. » Le second se trouve dans la coutume du duché de Bourgogne de 1459 (Ch. 5, Art. 3). « Le créancier peut poursuivre son principal obligé ou son plège, pour tout son debt, lequel il veut choisir. » (Cf. Coutume de Lille, Art. 143.)

Les plèges dans leurs formules d'engagement prennent d'ordinaire le nom de *principales debitores* « *Constitui me fidejussorem et principalem debitorem.* » (T. III, Layettes du Trésor des chartes, 9 Mars 1250, N° 3922 ; Cf. N° 3923.) « *Constituimus nos plegios et principales debitores* » (N° 4348).

Les plèges ne jouissaient donc pas davantage du bénéfice de division. Cette proposition s'induit de plusieurs documents.

Tout d'abord les plèges, comme il résulte de la simple inspection des formules d'actes, s'obligent la plupart du temps *ex toto et in solidum* et partant ne sauraient être investis du bénéfice de division. *Et quisque ipsorum tenetur eis de toto* (N° 3186, 13 Juin 1244, t. II, Layettes du Trésor des chartes.) *Obligamus nos et obligamus fidejussores ex toto et in solidum* (N° 3408, année 1245-1246 ; Cf. 3407-3406, t. II, *eodem loco.*) *Sese obligant fidejussores de toto et in solidum.*

Le silence des Établissements de St-Louis exclut le bénéfice de division.

Beaumanoir (C. 43, 7) ne le reconnaît pas davantage. Il nous fait la relation d'un procès dans lequel

plusieurs cofidéjusseurs étaient intéressés. — Plusieurs
plèges étaient garants d'une même dette ; l'un d'eux
poursuivi demandait la division entre ses compagnons.
Le créancier prétendait « qu'il pooit bien sivir pour
le tout lequel qui li pleroit. Il fut jugié que Pierres
pooit bien sivir le ques des pleges qu'il vaurrait por
le tout, et cil qui estait sivis de plegerie aroit action
des devant dis compaignons contre eus qu'il li fissent
compaignie. »

La même doctrine est consacrée par le *Grand
Coutumier de Normandie.* (C. LX.) « Se plusieurs
se mettent en plège de toute une debte, sans déterminer
combien chacun le plevit : se aucun muert ou il n'ait
de quoi payer, les autres doivent payer pour lui. »

*Tenentur autem plegii, si plures fuerint, singuli
in totum, nisi aliter convenit,* dit également un
coutumier Anglo-Normand (*Regiam majestatem*,
Livre III, Ch. 1-10 ; Cf. Anciennes constitutions du
Châtelet de Paris, Art. 71 et 72).

La condition du plège apparaît comme identique à
celle d'un débiteur solidaire. Le plège est tenu aussi
rigoureusement que le fidéjusseur des *leges*. Le
créancier sommait la caution de « faire comme bon
plège » c'est-à-dire de payer ou de bailler un gage.
A défaut de paiement ou de gage fourni, le créancier
pouvait procéder contre le garant par voie de saisie
privée [1]. Toutefois la dureté du Droit primitif s'est

---

[1] Sur la procédure suivie contre le plège on peut consulter
M. Esmein, *loc. cit.*, p. 109 à 130.

quelque peu atténuée, car le plège peut sous forme de défense contester la validité de la saisie et s'opposer à sa réalisation. (Établissements de St-Louis, Ch. 122; Livre de Jostice et de Plet, IX, 9-1; Livre de Jean d'Ibelin, Ch. 117 et 123.) La caution a le droit de « se clamer à la cort de plègerie » qui statuera sur l'incident.

6. Recours. — Le recours accordé au plège tempérait seul la rigueur de son obligation ; il s'exerçait tant contre le débiteur principal que contre « les compagnons de plègerie. » La caution doit être indemnisée de tout le préjudice qu'elle a subi. « Qui met autrui en plègerie, dit Beaumanoir, il le doit délivrer de paine, de coust et de damaces, aussi netement comme il estait quand il fut mis en le paine. » Quelquefois ce recours était armé du droit de saisie extrajudiciaire.

De plus, le plège pouvait, après paiement, recourir contre les autres plèges, afin de répartir entre eux le fardeau de la dette. La création de ce recours est due à l'initiative de la jurisprudence ; elle considéra les plèges comme des associés (compagnons); celui d'entre eux qui payait avait contre les autres l'action née du contrat de société, pour les faire participer au préjudice subi. Nous avons plus haut, dans le texte de Beaumanoir (C. 43-7), trouvé la preuve de l'existence de cette société. « Cil qui était sivis de plègerie avait action des devant dis compaignons contre eus qu'il li fissent compaignie. (Cf. Gaius, III, 112.)

c. Intransmissibilité de l'obligation du plège à ses héritiers.— Réforme tentée sur ce point. — Prédominance de l'élément pécuniaire sur l'élément moral dans la plègerie dette.

Si les voies d'exécution contre le plège étaient devenues moins rigoureuses, si le recours accordé à celui-ci s'était étendu, en revanche son obligation tendait à devenir transmissible. L'élément pécuniaire commençait à l'emporter sur l'élément moral. Au XIIme siècle, sous l'influence des Croisades, le commerce se développa, les besoins du crédit devinrent plus exigeants, et les créanciers cherchèrent à consolider leur gage. Les garanties qu'on leur offrait leur parurent insuffisantes.

En effet, la plévine était, comme la fidéjussion des *leges*, un engagement purement personnel. « Le pleige mort, la pleigerie meurt », nous dit Bouteiller, dans sa *Somme rurale*.» «Simple plevine ne descend pas jusques aux hoirs », trouvons-nous dans le *Grand Coutumier de Normandie*. (Art. 89, p. 36.) Et Beaumanoir s'exprime en ces termes [1] : « Qui plège, s'il est semons de sa plegerie, si que commandement l'en soit fait avant qu'il meure, il convient que ses hoirs respondent de le plègerie ; car sitost comme il a commandement de fere comme bons pleiges, il devient dette de le coze. Mais s'il muert avant qu'il en soit trais en cort, et que commandement l'en soit fes, li oir ne sont de riens tenus à respondre la plègerie lor père, si li père n'en fist sa dette ou s'il n'en rechut commande-

---

[1] C. 43, N° 4, édit. Beugnot.

ment. (Cf. Livre de Jean d'Ibelin, Ch. 130; Pierre Defontaine, édit. Marnier, § V.)

La plévine était donc une garantie instable, de nature à s'évanouir trop souvent. Le crédit commercial ne peut tolérer une pareille insécurité. La plégerie n'étant plus une véritable attestation de loyauté, mais plutôt une garantie contre l'insolvabilité du débiteur principal, les créanciers durent chercher à la renforcer. La solidarité d'assistance entre membres de la même famille avait perdu de son énergie ; le plège était souvent un capitaliste qui, en cautionnant, loin de rendre un service d'ami, faisait un acte de commerce. A côté de la simple plévine, on vit naître la plégerie dette, transmissible aux héritiers. (Cf. *sponsio et fidejussio*.) La simple plévine resta la caution de la vie civile (procédure, droit criminel); la plégerie dette fut plus particulièrement la caution commerciale.

Les créanciers, qui normalement et surtout dans les affaires commerciales font la loi du contrat, exigèrent des cautions un engagement transmissible à leurs hoirs. Cette plégerie dette apparaît dans plusieurs coutumiers qui procèdent par voie d'antithèse entre elle et la simple plévine. « Beaumanoir (C. 43) : Li oir ne sont de riens tenus, si le père n'en fist sa dette. » Jean d'Ibelin s'exprime ainsi : « Et si celui qui est plege et dette muert, celui vers qui il est tenu de la deterie, peut par la raison de la dette demander et requerre à celui de ses hoirs qui irrite en ses biens, ce qui li défaut, de ce que l'ancestre de l'heir li estait tenus par la raison de la deterie. »

11

La plègerie dette, instrument de crédit plus parfait, devait, par sa nature même, se développer rapidement. Le créancier ne dira-t-il pas, avec Jean d'Ibelin ? « Fait meillor prendre plege et dette et plus fort est que plege sans plus. » (Vigiè, p. 9, *loc. cit.*)

Conclusion. — L'ètude de la plègerie au Moyen Age nous a convaincus de la persistance de la confusion de la solidarité et du cautionnement. Il nous faut maintenant rechercher comment, et par le concours de quelles causes, ces deux institutions se séparèrent progressivement, pour vivre d'une vie propre. Au XVIme siècle le cautionnement est organisé en dehors de la solidarité, en tant qu'obligation accessoire. Comment expliquer ce résultat ?

CHAPITRE TROISIÈME

A. Comment cette séparation s'est opérée.

B. Expression définitive du Droit nouveau dans l'œuvre de Pothier.

A. Plusieurs causes contribuèrent à produire cette séparation. Tout d'abord, la solidarité familiale d'obligations, même avec sa forme nouvelle, celle d'un devoir mutuel de garantie, tendait à s'atténuer de plus en plus. L'individu se dégageait progressivement du groupe. Or, c'est précisément l'organisation familiale qui engendre dans les sociétés primitives la confusion de la solidarité et du cautionnement. L'organisation féodale avait favorisé la persistance de cette confusion. En vertu du contrat de fief, les vassaux sont tenus de cautionner leur suzerain, et ce cautionnement revêt naturellement la forme solidaire. Or, vers le XIIIme siècle, la rigueur de cette obligation de plègerie tendit à s'adoucir. L'Article 14 de la *Coutume de Montpellier*, qui proclame l'intransmissibilité de l'engagement des fidéjusseurs, s'explique par une réaction contre l'obligation pour les vassaux de cautionner le seigneur. (*Sic.* M. Vigié, p. 10, *loc. cit.*) « Dans d'autres coutumes nous rencontrons, dit M. Vigié, des préoccu-

pations de cette nature et des dispositions dans l'intérêt
des fidéjusseurs. » [Par exemple en ce qui concerne
la ville d'Apt. Giraud. *Hist. du Droit français au
Moyen Age*, XXIII, p. 141.]

Une autre cause importante de la séparation de la
solidarité et du cautionnement fut la désuétude progressive du formalisme. Le plège s'obligeait par un
contrat formaliste et unilatéral, et ce mode d'engagement entraîne l'interprétation stricte. Quand plus tard
le droit se dépouilla de ce formalisme originaire[1],
l'équité se développa. La recherche de l'intention des
parties préoccupa la jurisprudence. L'interprétation
bienveillante prévalut. Un mouvement de réaction
contre la rigueur de l'obligation primitive des plèges
se produisit dans la pratique; sans oser tout d'abord
porter atteinte aux droits du créancier, elle chercha
à favoriser le recours de la caution.

La jurisprudence accorda au plège une exception
de garantie grâce à laquelle il put mettre en cause
le débiteur principal et ses compagnons. Cette exception d'origine coutumière se rencontre dans plusieurs
textes. (Beaumanoir, C. 43, 21 ; Bouteiller, *Somme
rurale*.) « Toutefois convient-il que le plège, s'il le
requiert, ait jour compétent à appeler son garant. »
(Cf. Art. 150. Coutume de Bretagne.)

Cette tentative de réforme en préparait une plus
complète. Les progrès dans l'analyse juridique, qui
permirent de dégager le caractère accessoire de

---

[1] Loysel, *Inst. cout.*, Liv. III, Tit. 1, règ. 2.

l'engagement du plège, la réception du Droit romain de Justinien dont l'influence allait croissant chaque jour, contribuèrent à améliorer la condition de la caution et à la séparer de celle du débiteur solidaire.

Dans le Droit romain de Justinien, depuis la Novelle 4, le caractère accessoire de l'obligation du fidéjusseur apparaît dans toute sa netteté. Le fidéjusseur se tient derrière le débiteur principal, pour lui servir de renfort. Cette législation équitable concilie heureusement les droits du créancier avec l'intérêt légitime de la caution. Nous verrons qu'elle réussit à adoucir la rigueur de la plègerie primitive, mais plusieurs siècles furent nécessaires à l'accomplissement de cette réforme, et c'est seulement au XVIme siècle que le Droit romain triompha pleinement, grâce aux efforts persistants des jurisconsultes.

En étudiant la législation romaine, nous avons rattaché au même principe de la solidarité familiale la confusion originaire du cautionnement et de la corréalité et l'obligation de l'héritier aux dettes, *ultra vires successionis*. Cette obligation *ultra vires* c'est en quelque sorte la solidarité qui se perpétue et développe ses effets dans le temps. Nous avons aussi constaté l'évolution parallèle des bénéfices de la caution et de ceux de l'héritier. Quoi de plus naturel, puisque l'introduction de ces divers bénéfices est due à un même changement qui s'opère dans l'organisation familiale ? De même dans les pays de coutume, les bénéfices de la caution et ceux de l'héritier pénétrèrent avec une pareille lenteur. Le bénéfice d'inven-

taire mit beaucoup de temps à s'établir dans les pays
de coutume, quoique la constitution 22 au Code *de jure
deliberandi* fût connue des Romanistes. Jusqu'au
XVme siècle, il n'en est pas question. A l'époque de
la rédaction des coutumes beaucoup l'adoptèrent[1] et
de là ce bénéfice passa dans les coutumes muettes sur
ce point. Néanmoins le bénéfice d'inventaire resta
soumis à de nombreuses restrictions; il répugnait au
vieil esprit coutumier. Son existence était subordonnée
à la délivrance de lettres royaux expédiées en chan-
cellerie et entérinées par le juge. En outre, l'héritier
qui n'avait accepté que sous bénéfice d'inventaire
pouvait être exclu par un héritier d'un degré plus
éloigné, mais qui était disposé à accepter purement
et simplement.

Ainsi nous verrons la coutume de Bourgogne
rédigée en 1459 refuser encore au plège le bénéfice
de discussion. (Ch. V, Art. 3.) La même doctrine est
encore vivante dans l'Article 143 de la coutume de Lille,
qui ne reconnaît pas à la caution le bénéfice d'ordre.

Le Droit romain de Justinien fit introduire au profit
de la caution les deux bénéfices de discussion et de
division, et imprima à l'obligation du plège le caractère accessoire.

Apparition du bénéfice de discussion. — Il
triomphe définitivement au XVIme siècle.

Le bénéfice de discussion apparaît dans la coutume

---

[1] Sur le point de savoir quelles coutumes l'adoptèrent,
vide Garraud, thèse, p. 90.

glosée d'Anjou et du Maine : « Se aucun met autre
en plège, il l'en doit délivrer ; mes l'en ne puet prendre
les biens du plège tant comme celuy qui l'a mis en
pleige ayt de quoi payer. Et s'il n'a de quoi paier,
le pleige paiera [1]. » Parlant de la simple plévine,
Bouteiller, s'exprime en ces termes : « Et dit l'authen-
tique que ambedeux quand ils sont en présence, c'est
à scavoir le principal et le pleige, le créditeur ne peut
ne doibt riens demander au plège jusqu'à ce que le
debteur soit trouvé si pauvre que satisfaire ne puisse
ou qu'il se serait absenté ou détourné. » (Adde, Art. 207,
Coutume de Bretagne — Livre des Droits et Comman-
dements, § 620.) Au XVIme siècle, le bénéfice de
discussion triomphe définitivement de l'ancienne règle
coutumière.

La reconnaissance du bénéfice de discussion en-
levant à la caution sa position d'avant-garde rendait
inutile le droit de saisie privée reconnu au créancier
contre le plège dans beaucoup de coutumes du
XIIIme siècle. Quel avantage offrait-elle désormais au
créancier, s'il lui fallait poursuivre d'abord et discuter
le débiteur principal ? L'inutilité de la saisie privée et
le progrès de l'ordre firent disparaître complètement
en notre matière cette voie d'exécution « comme le
reste d'un droit grossier et d'une société rude [1]. »

---

[1] Édition Beautemps-Beaupré, t. I, p. 328.

[1] Cette disparition fut l'œuvre de deux puissances civili-
satrices, la royauté et l'église. — Esmein, p. 140, *in fine*,
loc. cit.

L'admission du bénéfice d'ordre fut accompagnée de celle du bénéfice de division. Le rescrit d'Adrien pénétra dans les pays de coutume, comme la Novelle 4 de Justinien. Il est fait mention de l'*exceptio divisionis* dans la pratique de Masuer (p. 411), qui remonte à la première moitié du XVme siècle. Les plèges ne furent plus réduits à l'exercice de l'action *pro socio*, que la jurisprudence leur avait accordée, sur le fondement d'une compagnie tacite, lorsqu'ils avaient payé au-delà de leur part.

Dès lors la condition du plège coutumier ne diffère plus guère de celle du fidéjusseur romain. En effet, d'une part la dette dont le plège est tenu est accessoire et non plus solidaire, et de l'autre l'obligation du plège comme celle du fidéjusseur est transmissible à ses héritiers. La plègerie dette, mode perfectionné de garantie, fit disparaître la simple plévine. « Fait meillor prendre plège et dette » diront les créanciers ; et le Droit romain dont l'influence va croissant facilitera le triomphe de leurs prétentions. Si dans les écrits de Beaumanoir, de Pierre de Fontaines ou même de Bouteiller, les deux formes de plègerie vivent côte à côte, on ne rencontre plus dans l'œuvre des jurisconsultes du XVIme siècle que cette espèce de plèges « que les clercs appellent fidéjusseurs. »

Conclusion générale tirée de l'étude du cautionnement dans le Midi et le Nord de la France depuis l'époque franque jusqu'au XVIᵐᵉ siècle.

Si nous comparons la condition du fidéjusseur dans les pays de Droit écrit, à la fin de notre période, à celle des fidéjusseurs dans les pays de coutume, nous sommes frappés de la ressemblance. De part et d'autre les fidéjusseurs sont des obligés accessoires, investis des deux bénéfices d'ordre et de division et dont l'engagement est transmissible aux héritiers. Quelle évolution curieuse s'est accomplie depuis l'époque des invasions, identique à celle que nous avons suivie dans toutes ses péripéties en étudiant le Droit romain ! Au début la solidarité et le cautionnement sont confondus en tout ou en partie, suivant les régions ; au XVIᵐᵉ siècle la distinction est complète.

Au Midi le fidéjusseur jouit bien à l'époque Gallo-Romaine et Franque du bénéfice de division, mais la Novelle 4 de Justinien est inconnue. L'influence germanique, les besoins du commerce tendent depuis le IXᵐᵉ siècle jusqu'au XIIᵐᵉ à ramener la fidéjussion vers la solidarité, en excluant le bénéfice de division. Mais le Droit romain dès sa réception en France réagit contre cette tendance rigoureuse. L'équité prévaut avec la législation de Justinien dont l'influence croissante triomphe de l'opposition des praticiens. La fidéjussion se constitue en dehors de la solidarité.

Les lois de l'époque franque témoignent de la même confusion originaire de la solidarité et du cautionnement. Elles sont empreintes d'une vieille idée germanique, celle de la solidarité familiale d'obligation qui subsiste sous sa forme atténuée, le cautionnement solidaire [1], créé par la promesse formaliste et unilatérale. La caution se tient en première ligne, et la rigueur de son obligation n'est tempérée que par l'énergie de son recours. Lorsque le débiteur principal laisse la saisie privée suivre son cours contre le fidéjusseur, celui-ci se retourne contre son auteur, pour exiger de lui une « *pœna privata.* » Au reste le cautionnement constitue par essence une déclaration de loyauté, partant un engagement personnel et intransmissible.

La plègerie au Moyen Age conserve dans le principe tous les caractères de la fidéjussion des *leges*. Le besoin de se protéger mutuellement, alors que le pouvoir central est faible, resserre les liens qui réunissent les membres de la même famille ou de la même corporation, liens que la constitution de la propriété individuelle aurait tendu à relâcher. La plévine, contrat formaliste, engendre une obligation aussi rigoureuse que la solidarité. Le plège est dépourvu des bénéfices de division et de discussion ; il est exposé le premier à l'attaque du créancier.

Il fallut que l'influence de la législation de Justinien s'exerçât dans les pays de coutume, pour que le

---

[1] Je ne donne pas à cette expression son sens technique.

cautionnement pût se séparer de la solidarité. L'introduction des bénéfices au profit du plège fut assez lente,
mais à la fin du XVᵐᵉ siècle leur application tendait à se
généraliser. En même temps la plègerie cessant d'être
un pur acte d'ami, pour revêtir un caractère presque
exclusivement pécuniaire, la plègerie dette, transmissible aux héritiers remplaçait la simple plévine.

Ainsi la législation des pays de Droit écrit et celle
des pays de coutume tendaient à l'uniformité ; sous
l'influence du *corpus juris* et de la Novelle 4, la
fidéjussion romaine constituait le Droit commun de
la France. Les deux évolutions parallèles que nous
avons décrites étaient venues converger en un même
point, imprimant au cautionnement un caractère accessoire, et le dépouillant de sa forme solidaire.

Avant d'aborder l'étude du Droit moderne, nous
devons rechercher dans l'œuvre de Pothier l'expression
la plus exacte de ce Droit nouveau et déterminer la
position respective de la solidarité et du cautionnement.

B. — Expression définitive du Droit nouveau dans les écrits de Pothier

La caution dans les écrits de Pothier est par essence
un obligé accessoire. Cette qualité ressort avec évidence de la rubrique du Ch. VI, 2ᵐᵉ partie du Traité
des Obligations : « Des obligations accessoires des

fidéjusseurs et autres qui accèdent à celle d'un débiteur principal. » Ce caractère se manifeste au double point de vue des conditions d'existence et des effets. Le fidéjusseur jouit du bénéfice de discussion. (P. 306, *Traité des Obl. et du bénéfice de division,* p. 315.) Le caractère unilatéral de l'engagement du fidéjusseur a presque entièrement disparu ; le créancier est tenu vis-à-vis de lui à certaines obligations, puisqu'il ne peut poursuivre la caution que l'insolvabilité du débiteur principal constatée, et qu'il doit diviser ses poursuites. La réaction contre ce caractère unilatéral est plus vive encore que celle que nous avons constatée à Rome. Et, en effet, des principes nouveaux dominent l'interprétation des conventions. Tous les contrats sont de bonne foi ; les contrats de Droit strict ont disparu avec le formalisme dont ils étaient le produit original.

Voici l'application du principe : A Rome, le fidéjusseur qui a payé peut exiger la cession des actions du créancier, soit contre le débiteur principal, soit contre les autres obligés accessoires. (L. 17, *de fidej.*) Mais le fidéjusseur pouvait-il repousser le créancier par l'exception *cedendarum actionum*, lorsque celui-ci par son fait s'était mis hors d'état de céder ses actions contre les autres débiteurs ? La jurisprudence romaine refusait au fidéjusseur cette exception, parce que la stipulation est par essence un contrat unilatéral *et stricti juris.* La solution contraire prévalait dans le *mandatum credendæ pecuniæ* à raison de sa nature synallagmatique et de bonne foi. Cette distinction des

contrats *stricti juris* et *bonæ fidei* paraît surannée à
Pothier qui généralise la solution acceptée pour le
mandatum credendæ pecuniæ. (P. 419, *Traité des
Obl.*) « Nonobstant ces raisons, il faut décider que,
lorsque le créancier s'est mis par son fait hors d'état
de pouvoir céder au fidéjusseur ses actions, soit contre
le débiteur principal, soit contre les autres fidéjusseurs, soit parce qu'il les a déchargés, soit parce qu'il
a, par sa faute, laissé donner congé de sa demande
contre eux, le fidéjusseur peut *per exceptionem cedendarum actionum* faire déclarer le créancier non
recevable en sa demande. » Toutefois l'exception
cedendarum actionum suppose un fait positif, non
une simple négligence.

Le Code Civil a consacré le principe de Pothier
dans l'Art. 2037, où il lui donne toute son ampleur :
« La caution est déchargée, lorsque la subrogation
aux droits, hypothèques et privilèges du créancier ne
peut plus par le fait du créancier, s'opérer en faveur
de la caution. »

La cession d'actions, suivant Pothier, n'est pas
légale, comme Dumoulin l'avait soutenu, en argumen-
tant de son caractère de nécessité qui doit la faire
réputer sous-entendue ; elle doit être invoquée sous
forme d'exception. (P. 422, *loc. cit.*) Le Code Civil
s'est écarté de l'opinion de Pothier, pour consacrer
celle de Dumoulin. (1251, § 3.) « La subrogation a
lieu de plein droit, au profit de celui qui étant tenu
avec d'autres ou pour d'autres au paiement de la dette
avait intérêt à l'acquitter. »

Sous ces réserves, le Code Civil, dans le Titre du Cautionnement, a adopté les solutions de Pothier, qui impriment à l'obligation de garantie un caractère très nettement accessoire.

On donnerait, néanmoins, une idée incomplète, partant inexacte du Droit au temps de Pothier, si on ne signalait pas le germe d'une tendance nouvelle du cautionnement vers la solidarité. La fidéjussion, contrat accessoire est, par sa nature équitable et peu rigoureuse, le cautionnement civil. En face de la fidéjussion se développe, sous l'influence des besoins impérieux du commerce, un mode de garantie plus rigoureux, ne comportant ni division, ni discussion. Cette dualité de modes de garantie est comme l'axe autour duquel notre évolution se déroule. Le cautionnement oscille sans cesse entre deux types extrêmes. A côté de la fidéjussion, nous avons constaté à Rome l'existence du pacte de constitut et l'emploi de la solidarité. Au Moyen Age, au XVIᵐᵉ siècle même, la dualité des formes de cautionner se perpétue. Dans les pays de coutume, la plègerie dette[1] apparaît comme plus rigoureuse que la simple plévine.

Au temps de Pothier, la renonciation aux bénéfices de division et de discussion apparaît comme fréquente. (Nᵒˢ 408-416, *Traité des Obligations.*) C'est l'influence commerciale qui tend à reconstituer la solida-

---

[1] Bouteiller, notamment, accorde au simple plège le bénéfice de discussion qu'il refuse au plège débiteur.

rité en éliminant les traits qui distinguent la fidéjussion de l'institution souche.

Pothier étudie même (N⁰ˢ 408 et 416) une combinaison qui est l'origine du cautionnement solidaire. Quand la caution s'est engagée comme débiteur principal ou solidairement, un tel engagement implique-t-il renonciation aux bénéfices de division et de discussion? Cette question divisait la doctrine, Pothier la résout par l'affirmative, comme Basnage, dans son *Traité des Hypothèques*, et contrairement à d'anciens arrêts du Parlement de Paris.

C'est cette tendance que nous voyons apparaître dans Pothier, qu'il nous faut maintenant étudier dans ses développements ultérieurs.

TROISIÈME PARTIE

PÉRIODE MODERNE

Dans nos études précédentes, nous avons montré comment d'abord confondus le cautionnement et la solidarité se sont distingués progressivement. Il semble que nous allons assister à une fusion nouvelle de ces deux institutions. Le cautionnement paraît se rapprocher de nouveau de la solidarité. Mais, en sens inverse, la solidarité atténuant la rigueur de ses effets semble favoriser ce rapprochement. Dans l'étude de cette phase nouvelle de l'évolution de nos deux institutions, nous suivrons la division suivante :

A. Comment la fidéjussion se rapproche de la solidarité en aggravant ses effets.

1° Causes de cette tendance à la fusion ;

2° Combinaisons diverses. — Cautionnement solidaire.

B. Comment la solidarité atténue la rigueur de ses effets :

1° Interprétation doctrinale. — Solidarité imparfaite ;

2° Interprétation de la jurisprudence. — Théorie du mandat de représentation.

3° Conceptions nouvelles de la solidarité dans les législations étrangères. — Conclusion.

12

Quelle est l'importance réelle de cette tendance à la fusion ?

A titre d'appendice, nous rechercherons quel est le rôle actuel des sûretés personnelles, et si ce rôle a grandi ou diminué.

A. — Comment la fidéjussion se rapproche de la solidarité.

1° Causes de la tendance à la fusion.

« 1° Quand on consulte aujourd'hui des notaires, des praticiens sur le rôle du cautionnement dans la vie journalière et sur la manière dont s'engagent en général les cautions, ils répondent que la caution s'engage, dans la grande majorité des cas, comme caution solidaire, quelquefois comme codébiteur solidaire non intéressé, très rarement comme caution simple. » (Marcel Fournier, p. 7, *loc. cit.*) Quelles sont les causes de cette tendance nouvelle ?

L'influence de la vie commerciale sur la vie civile et le perfectionnement du crédit réel semblent fournir une explication naturelle de cette marche nouvelle du cautionnement vers la solidarité.

α. Influence commerciale.

Cette influence se fait sentir très vivement à notre époque. La complexité des actes de la vie civile, la rapidité qu'ils exigent dans leur exécution tendent à les modeler de plus en plus sur les actes de com-

merce. Les créances civiles peuvent être revêtues des
formes simples des titres à ordre, qui servaient primitivement à constater les créances commerciales.
(Cass. civ., 8 Mai 1878; D. P. 1878, 1-241.) De la
sorte, on généralise la pratique de l'endossement,
mode rapide et efficace de cession ou de constitution
en gage. On adapte aux sociétés civiles les formes
commerciales (Société en nom collectif ou anonyme),
pour qu'elles puissent réunir des capitaux suffisants et
développer leur crédit et, en principe, on leur applique les règles qui tiennent à la forme, mais non celles
qui tiennent à la nature de l'objet. Ne voit-on pas
de même la faillite étendue aux non commerçants en
Allemagne, en Angleterre, en Autriche, en Hongrie?
Le Code fédéral suisse des obligations de 1881 n'est-
il pas la preuve évidente de cette pénétration de
l'élément commercial dans la vie civile ? Dans son
application au cautionnement, cette influence commerciale tend à le ramener vers la solidarité.

Rappellerons-nous la condition particulière faite à
Rome du temps de Justinien aux manieurs d'argent
(*argentarii*) [1], qui ne peuvent opposer le bénéfice de
discussion à leurs créanciers, mais qui en retour
exigent la renonciation des cautions qu'ils reçoivent
à ce même bénéfice ? Les fidéjusseurs, dans les cités
commerçantes du Midi, se voyaient retirer les bénéfices

---

[1] Cf. La responsabilité solidaire dérivant de la coutume
qui incombe aux banquiers associés lorsque l'un d'eux s'est
engagé par *expensilatio*. (*Cic ad. Her*, II, 13.)

d'ordre et de division, soit par l'exigence de leurs créanciers, soit par la rigueur de la loi, comme à Montpellier ou à Toulouse. Au XVIme siècle, la solidarité est le mode normal de cautionnement entre négociants dans le Midi de la France.

La solidarité apparaît, en effet, comme le droit commun entre coobligés pour cause commerciale. « Telle a été la coutume établie par l'accord unanime et tacite de tous les commerçants et constamment suivie par leur juridiction spéciale; c'est conséquemment l'inspiration naturelle de gens tout-à-fait étrangers, par leur position et leurs habitudes, aux règles du Droit civil. » (Fremery, p. 22, *Droit commercial.*) C'est une règle certaine pour le Droit italien du XIIIme au XVIme siècle et confirmée par plusieurs décisions de la Rote de Gênes. Straccha dit plus tard : « La solidarité des commerçants coobligés est le droit de la Cour des marchands. » (*curiæ mercatorum.*) Cette coutume commerciale est également consacrée par la jurisprudence française de nos anciens pays de Droit écrit. (Arrêt du Parlement de Toulouse du 17 Juin 1662 ; Cf. Pothier, *Obl.*, N° 266 ; Bornier, t. II, p. 471 [1].)

On comprend aisément que la solidarité soit le

---

[1] Sur la solidarité en Droit commercial, *vide* Lyon-Caen et Renault, t. III, *Traité*, p. 34 à 36. « La jurisprudence admet en général que la solidarité constitue le droit commun entre coobligés pour cause commerciale. » *Vide* Poitiers, 13 Juillet 1894. (*Gaz. Pal.*, 18 Juillet 1894 et les arrêts cités.)

mode normal des engagements commerciaux, car
elle assure la rapidité de paiements non divisés.
Spécialement les transactions commerciales se prêtent
mal aux lenteurs du bénéfice de discussion, quand il
s'agit de cautions. Voilà pourquoi, bien que le cautionnement d'une dette commerciale ne soit pas en
principe un acte de commerce (Lyon-Caen et Renault,
t. 1, *Traité*, N° 182), la renonciation de la caution
aux bénéfices est d'une pratique générale dans les
affaires [1]. L'aval si fréquent dans les effets de commerce (Art. 141, 142, 187, Code de commerce) est
un cautionnement solidaire. Tous les signataires d'une
lettre de change, d'un billet à ordre, d'un chèque
(Art. 140, 187), ne sont-ils pas garants solidaires du
paiement? Plusieurs Codes étrangers (Code de commerce allemand, Art. 281, *al.* 2; Code hongrois,
Art. 270, 3), refusent expressément le bénéfice de
discussion à la caution, soit lorsque la dette principale
est commerciale, soit lorsque le cautionnement est
lui-même un acte de commerce.

Lorsque les opérations des particuliers tendent à se
modeler sur celles des négociants, le cautionnement
est donc tout naturellement ramené vers la solidarité;
le fidéjusseur cesse d'être un obligé accessoire, pour
prendre la qualité de débiteur principal ou celle de

---

[1] Toutefois, on ne saurait dire en thèse générale, que le
bénéfice de discussion n'est pas admis dans les matières
commerciales. (Paul Pont, *Petits contrats*, t. II, p. 85,
N°ˢ 158 et sq.)

caution solidaire. Cette influence du commerce sur les relations des simples particuliers, conséquence du développement considérable du crédit, permet au créancier de faire la loi du contrat. Nous avons remarqué au cours de notre étude que le créancier, désireux de donner à sa garantie toute l'efficacité possible, cherche toujours à rapprocher le cautionnement de la solidarité. C'est l'âpreté ingénieuse des créanciers qui fit naître la fidéjussion dont les effets énergiques diffèrent peu à l'origine de ceux de la corréalité. C'est au même effort des capitalistes que sont dues la fréquence à Rome des *correi non socii,* la naissance dans notre Droit du Moyen Age de la plègerie dette, l'habitude de renoncer aux bénéfices de discussion et de division au temps de Pothier. (Nos 408 et 416, *Traité des Obligations.*) Le créancier triomphe toujours dans cette lutte contre la caution, si l'intervention du législateur ou la puissance de l'opinion publique ne protège pas le garant. Libre de refuser les sommes qu'on lui réclame (la demande de prêts est supérieure d'ordinaire à l'offre), le prêteur est maître de la situation (*dat legem contractui.*) La volonté des obligés cède sous la pression de la sienne. Pour assurer aux cautions un triomphe passager dans cette lutte inégale, il faut que la loi elle-même limite la liberté des parties et restreigne de sa propre autorité les droits du créancier (Lois Furia ou Cornelia) ou que les mœurs imposent à celui qui reçoit des garants certaines obligations morales. De nos jours, de telles causes ne peuvent plus s'exercer. Le régime économique est par essence un régime individualiste, où l'équilibre résulte du seul jeu des forces sociales. Les particuliers défendent eux-mêmes leurs intérêts, tant pis si quelques-uns trop faibles pour lutter succombent. Le législateur n'intervient pas pour protéger la caution, il tient la balance égale entre celle-ci et le créancier. Loin de limiter le crédit, il cherche bien plutôt à le développer, à le dégager de toute entrave.

Aucune obligation morale ne saurait plus peser sur la volonté du créancier. Le cautionnement constitue un acte de solidarité entre parents ou amis dans les sociétés primitives, l'expression du devoir d'assistance (*officium pietatis*) auquel on ne peut se soustraire sans déshonneur. On comprend, dès lors, que le créancier ne puisse « *salvo pudore* », comme dit Quintilien, se montrer d'une rigueur inflexible à l'égard des cautions. Aujourd'hui le cautionnement, surtout s'il s'agit d'une dette commerciale, n'est plus, à vrai dire, un service d'ami. Souvent la caution est un banquier qui fait payer ses services. « L'opération, dit M. Marcel Fournier, prend la tournure d'une affaire, dans laquelle le créancier exige des garanties efficaces et promptes de restitution. » Les exigences du crédit font que le créancier est de plus en plus maître de l'opération.

6. Réaction du crédit réel sur le crédit personnel.

L'influence commerciale n'est pas la seule qui tende à ramener le cautionnement vers la solidarité. La

concurrence du crédit réel mobilier oblige la fidéjussion à aggraver la rigueur de ses effets. Le crédit réel
mobilier était peu développé au début de ce siècle.
L'emprunt sur gage paraissait être la marque d'une
situation précaire. Le développement de la fortune
mobilière (valeurs industrielles), l'habitude des producteurs de devancer les besoins de la consommation
ont facilité d'une façon singulière l'extension du
crédit réel. Les avances sur titres sont devenues très
fréquentes. En même temps, la constitution du gage
commercial et sa réalisation ont été simplifiées. Les
formalités des Articles 2074 et 2075 du Code Civil ont
été abrogées. Le gage constitué sur des meubles
corporels se prouve d'après les règles de l'Article 109
du Code de Commerce ; porte-t-il sur des titres négo-
ciables, un endossement, une déclaration de transfert,
une tradition suffisent pour l'établir. La mise en possession seule est exigée pour les meubles corporels,
comme condition de l'existence du privilège. S'agit-il
de valeurs (matières premières, objets manufacturés)
déposées dans les magasins généraux, l'endossement
du titre représentatif (warrant) les constitue en gage,
sans qu'un déplacement matériel soit nécessaire. Le
warrant vaut de l'argent liquide pour celui qui le
détient et peut le transférer à son tour. La vente du
gage est facilitée au même titre. Tandis qu'en matière
civile, elle doit être précédée d'une autorisation de
justice, cause de lenteurs et de frais (Art. 2078 Code
Civil), l'Article 93, § 1er du Code de Commerce sup-
prime la nécessité de cette autorisation. Ainsi les

facilités de constitution et de réalisation du gage commercial font du nantissement un instrument de crédit perfectionné.

Même si on considère les perfectionnements apportés à la législation hypothécaire, spécialité et publicité, essai de transmission des créances hypothécaires par voie d'endossement, on aperçoit vite quelle concurrence redoutable les garanties personnelles doivent subir. Les sûretés réelles confèrent un droit de préférence renforcé par le droit de suite ou de rétention; dans la faillite ou la déconfiture des cautions, le créancier est soumis à la loi du concours. Il semble donc que les sûretés personnelles ne puissent soutenir la lutte. Leur infériorité, en tant qu'instrument de crédit, semble évidente. Vont-elles alors succomber? Il n'en est rien; elles vont tout au contraire prendre une vitalité nouvelle, en s'adaptant au milieu dans lequel elles vont fonctionner. Sous la pression énergique des créanciers, les sûretés personnelles se dépouilleront de tous les caractères qui peuvent atténuer leur efficacité. Les bénéfices de division et de discussion, causes de lenteurs, de complications et de frais, disparaîtront progressivement; la solidarité tendra à remplacer la fidéjussion. Tout ce qui peut retarder les paiements sera rejeté. La solidarité est la forme sous laquelle les sûretés personnelles doivent nécessairement se présenter, pour soutenir la lutte contre les sûretés réelles. La signature de plusieurs personnes, dont on a vérifié la solvabilité et qui s'engagent solidairement, est pour le créancier la garantie la plus

efficace possible ; il sera payé vite et intégralement,
sans avoir à réaliser un gage déterminé.

Voilà quelles sont les raisons diverses qui tendent
à réunir de nouveau le cautionnement et la solidarité.
Il faut maintenant rechercher sous quelles formes
cette tendance à la fusion se manifeste.

2° *Formes sous lesquelles la tendance à la fusion se manifeste.*

Ces formes sont au nombre de quatre :

1° Renonciation du fidéjusseur aux bénéfices de
division et de discussion. (Articles 2021-2026, Code
Civil);

2° Les cautions s'obligent solidairement entre elles
sans s'obliger solidairement avec le débiteur principal;

3° Cautionnement solidaire. (Art. 2021, Code Civil);

4° Engagement solidaire pur. (Art. 1216, Cbn. 1431,
Code Civil.)

1° La renonciation du fidéjusseur aux bénéfices
de division et de discussion ne modifie pas la nature
juridique de son engagement dont le caractère est
accessoire.

2° La seconde hypothèse nous présente une combinaison curieuse du cautionnement et de la solidarité.
L'engagement est solidaire dans les rapports des
cautions et du créancier, accessoire dans les rapports
de l'une des cautions et du débiteur garanti d'une
part et du créancier d'autre part.

α. On applique aux fidéjusseurs envisagés dans leurs relations propres avec le créancier, toutes les règles qui découlent nécessairement de la solidarité de leur engagement : droit pour le créancier de poursuivre pour le tout celui des débiteurs qu'il veut choisir (Art. 1203, Code Civ.), c'est-à-dire exclusion du bénéfice de division ;

Mandat mutuel de représentation vis-à-vis du créancier (Art. 1206-1207, Cod. Civ.) en tant qu'il n'est pas incompatible avec le caractère accessoire de l'engagement du fidéjusseur au regard du débiteur véritable intéressé.

β. Par rapport au débiteur garanti, le fidéjusseur est un obligé accessoire, et ce caractère est prépondérant. Partant le fidéjusseur jouit du bénéfice de discussion (Art. 2021, Code Civ.); il peut invoquer la compensation du chef du débiteur principal (1294, 1) et l'application de l'Article 2036 plus avantageuse que celle de l'Article 1208 [1]. Il est libéré définitivement par la dation en paiement acceptée par le créancier et peut repousser la demande formée contre lui par l'exception *cedendarum actionum* au cas où la subrogation légale de l'Article 1251, § 3 est devenue impossible par la faute du demandeur. (Art. 2037, C. Civ.)

---

[1] A raison du sens différent du mot « exceptions purement personnelles ».

(Art. 2036, exceptions fondées sur l'incapacité).

(Art. 1208, exceptions fondées sur l'incapacité ou sur un vice du consentement (dol).

En résumé, la caution dont nous avons étudié la condition est un coobligé solidaire au regard des autres cautions, accessoire au regard du débiteur pour lequel elle intervient, ce second caractère étant prépondérant [1].

3° *Cautionnement solidaire*.

La caution s'engage parfois solidairement avec le débiteur intéressé, en prenant la qualité de caution solidaire. Ce mode d'engagement déjà usité au temps de Pothier tend à devenir de plus en plus fréquent dans la pratique des affaires. Quelle est la condition de cette caution solidaire?

Il est certain que la caution solidaire renonce aux bénéfices de division et de discussion. La volonté commune des parties a été de garantir plus efficacement les droits du créancier ; elle implique l'exclusion des bénéfices, qui répugnent par essence à la solidarité. (Art. 2021, Cbn 2026, C. Civ.) Telle était l'opinion de Pothier. Examinant aux paragraphes 408 et 416 de son *Traité des Obligations* l'effet de l'engagement des cautions, qui se sont obligées solidairement et comme débiteurs principaux, il déclare qu'une telle clause contient en soi renonciation aux exceptions de division et de discussion. Ces exceptions entraînent des lenteurs, des complications que le crédit supporte difficilement.

---

[1] Sur cette combinaison *vide* Tartari, *Du Cautionnement solidaire*.

Mais si l'on veut pénétrer plus intimement dans l'analyse de la condition de la caution solidaire, bien des difficultés surgissent. En effet, le cautionnement solidaire présente combinés deux types d'obligation qui apparaissent comme tout-à-fait distincts. La solidarité est une forme d'engagement principal; tous les débiteurs solidaires sont également liés vis-à-vis du créancier; ils se tiennent tous sur le même plan ; la fidéjussion constitue au contraire un engagement accessoire, et la caution ne se présente pas en première ligne. Quelle importance faut-il attribuer à chacun de ces éléments divers dans la construction de la théorie du cautionnement solidaire ? Devons-nous faire prévaloir la solidarité ou le cautionnement? Ainsi posée, cette question se relie très étroitement à notre histoire comparée de ces deux institutions. Si dans cette forme nouvelle, que revêt l'obligation de garantie, le caractère de solidarité est prépondérant, la fusion du cautionnement et de la solidarité est plus près de se réaliser que si on accepte la solution contraire.

Dans le doute, quel principe d'interprétation la jurisprudence doit-elle suivre ? L'engagement de la caution solidaire est-il solidaire et accessoire, ou solidaire et principal? L'une et l'autre opinion ont été soutenues.

Nature juridique du cautionnement solidaire

La caution solidaire, disent certains auteurs (Duranton, Massé et Vergé, sur *Zachariæ*, § 423), est un véritable codébiteur solidaire au regard du créancier, elle n'a la qualité de caution que dans ses rapports avec le débiteur pour lequel elle intervient.

D'autres ne voient dans la caution solidaire qu'une caution ordinaire mais qui a renoncé aux bénéfices de division et de discussion. « La caution solidaire, dit M. Marcel Fournier (p. 28, *loc. cit.*), est avant tout une caution et reste une caution. Elle renonce ou est censée renoncer aux bénéfices de discussion et de division. En cela sa condition diffère de celle de la simple caution, en cela il est juste de dire qu'elle ressemble au débiteur solidaire. » M. Tartari s'exprime en termes semblables : « En trois mots, le cautionnement solidaire est un contrat solidaire, accessoire, de garantie (p. 20, *loc. cit.*), il ne se distingue du cautionnement ordinaire que par trois différences (p. 48.), exclusion des bénéfices de division et de discussion, application des Articles 1205, 1206, 1207 du Code Civil, fondés sur l'idée du mandat limité de représentation [1]. »

Voyons quelles sont précisément les divergences

---

[1] Sur ce dernier point l'opinion de M. Tartari diffère de celle de M. Marcel Fournier (p. 34). Partant de ce principe que la caution solidaire sous les deux réserves faites ci-dessus reste une véritable caution, M. Fournier écarte l'idée de mandat. M. Tartari croit au contraire que le terme de cautionnement solidaire, dont le garant s'est servi pour qualifier son engagement, implique soumission de sa part aux articles 1205, 1206, 1207. Dans le premier système (Duranton), ces articles sont évidemment applicables.

pratiques des deux thèses adverses, puis nous rechercherons laquelle des deux est préférable en Droit.

Les divergences se manifestent au triple point de
vue des conditions d'existence du cautionnement
solidaire, de ses causes d'extinction, de ses effets
juridiques au regard du créancier.

Dans la première opinion, il y a plusieurs liens
indépendants et principaux ; dans la seconde, il y a
plusieurs liens indépendants, mais dont l'un est
principal, l'autre accessoire [1].

α. Dans la seconde opinion, la caution solidaire ne
peut s'obliger plus rigoureusement que le débiteur
garanti (Art. 2013, Code Civil) ; ainsi elle ne peut
être tenue purement et simplement, lorsque le débiteur principal est tenu sous condition ou à terme.
Un codébiteur solidaire, au contraire, peut être obligé
purement et simplement, bien que l'engagement d'un
autre soit contracté avec une modalité qui en affecte
l'existence ou l'exigibilité.

β. La caution solidaire pourra, si on la traite sauf
exception comme une caution ordinaire, se prévaloir
de plusieurs causes d'extinction d'obligation qu'un
codébiteur solidaire ne saurait invoquer.

La caution a le droit d'opposer la compensation de
ce que le créancier doit au débiteur principal (1294,
1, Code Civil), tandis que le débiteur solidaire ne
peut l'opposer du chef de son codébiteur (1294, 3).

----

[1] Marcel Fournier, p. 32.

D'après l'interprétation ordinaire, l'expression d'« exceptions purement personnelles » s'entend d'une manière plus étroite dans l'Article 2036 que dans l'Article 1208. Dans le premier texte, elle vise seulement les causes de nullité fondées sur l'incapacité, dans le second, elle vise en outre les exceptions fondées sur un vice de consentement (dol, erreur, violence).

γ. L'adoption de l'un ou de l'autre des deux systèmes importe en outre au point de vue des effets juridiques du cautionnement solidaire. Traitée comme un codébiteur solidaire, la caution solidaire ne pourra se prévaloir ni du bénéfice de l'exception *cedendarum actionum* de l'Article 2037 du Code Civil [1], ni de l'Article 2038 ; considérée comme une caution simple, elle sera libérée par le fait du créancier qui a rendu la subrogation impossible, et par la dation en paiement, même si une éviction vient à se produire. (Cassation, 5 Janvier 1888. D. 88, 1, 36.)

Quelle solution devons-nous accepter ? La seconde nous paraît juridiquement meilleure. Mais voyons d'abord sur quelles raisons l'opinion qui assimile la

---

[1] Dans cette comparaison, je considère le débiteur solidaire comme ne pouvant se prévaloir de l'Art. 2037, ainsi que la jurisprudence le décide. Cette solution est critiquée par certains auteurs, qui trouvent l'interprétation de la jurisprudence trop littérale et argumentent de l'origine de la subrogation légale, pour généraliser l'application de l'Article 2037. (Cf. Pothier, *Traité des Obligations*, sur le bénéfice de cession d'actions, Nº 537.)

caution solidaire à un débiteur solidaire au regard du créancier peut se fonder.

La caution solidaire, dit-elle, est vis-à-vis du créancier un codébiteur solidaire non intéressé, c'est seulement au point de vue du recours qu'elle peut être assimilée aux autres cautions.

En exigeant un engagement solidaire, le créancier a voulu rendre sa garantie aussi énergique et efficace que possible et emprunter à ce mode d'obligation toutes les règles qui peuvent améliorer sa condition. L'Article 142 du Code de Commerce ne déclare-t-il pas que le donneur d'aval [1] (caution) est tenu solidairement et par les mêmes voies que les tireurs et endosseurs, sauf les conventions différentes des parties ? L'Article 2021 du Code Civil n'est pas moins formel : « L'effet de l'engagement solidaire se règle par les principes qui ont été établis pour les dettes solidaires.» L'Article 1216 (Cf. 1431) traite la caution suivant les mêmes principes.

Quelle doit être, ajoutent les partisans de ce système, la préoccupation de la jurisprudence, sinon de favoriser l'éclosion des tendances qui se manifestent dans

---

[1] D'après la jurisprudence, l'aval entraîne par lui-même la solidarité, alors même qu'il émane d'un non commerçant ou qu'il est fourni sur un billet à ordre ayant un caractère absolument civil.

(Montpellier, 18 Décembre 1893; *Gaz. du Palais*, 9 Mars 1894. — Cf. Chambre des Requêtes, 21 Octobre 1890, *Gaz. du Palais*, 90-2-528.)

la pratique, et de suivre le mouvement économique ?
Or, n'avons-nous pas constaté la prédominance croissante de la volonté du créancier dans la détermination
des conditions du contrat, la tendance du cautionnement à se rapprocher progressivement de la solidarité ?

« Que veut le créancier, puisqu'il est le maître ? Il
entend stipuler le maximum de garantie possible et,
par suite, pouvoir traiter la caution solidaire comme
un codébiteur solidaire [1]. »

Le Code espagnol de 1889 consacre cette solution.
(Art. 1822.)

Toutes ces raisons, si séduisantes qu'elles paraissent à première vue, sont loin d'être décisives.

La troisième considération, expression de la théorie
du but dans le Droit, ne tendrait à rien moins qu'à
ériger le juge en législateur. Il doit, avant tout, rechercher l'intention des parties. Or, cette intention résulte
du nom même du contrat. Le garant ne s'est pas
engagé comme codébiteur solidaire, il a revêtu son
engagement de la forme solidaire, sans abdiquer
même au regard du créancier sa qualité de caution.
A deux qualifications distinctes, correspondent deux
situations différentes. Le terme même de cautionnement solidaire n'implique-t-il pas que la solidarité
n'est dans cette combinaison qu'une modalité du cautionnement? On ne saurait confondre la situation que

---

[1] Marcel Fournier, p. 24, rapportant le raisonnement de
nos adversaires.

nous étudions avec celle du codébiteur solidaire non intéressé de l'Article 1216 (Cf. 1431) du Code Civil. Celui-ci s'est engagé comme un codébiteur solidaire véritable, sans faire connaître au créancier la nature de ses relations avec le débiteur intéressé. La caution solidaire a nettement manifesté son intervention pour autrui.

L'Article 2021 renvoie, dit-on, à l'Article 1216 ! Est-ce possible, puisque ce texte vise une hypothèse différente de celle de l'Article 2021? Le législateur n'a pas voulu porter une atteinte aussi grave à la volonté clairement exprimée par les parties, limitant de la sorte, sans raison légitime, la liberté de contracter. N'est-ce pas plutôt l'Article 1203 qui est visé? Le créancier peut poursuivre pour le tout la caution solidaire, sans que celle-ci ait le droit d'opposer le bénéfice de division.

On nous concédera tout au moins que la volonté de la caution d'accepter la solidarité avec toutes ses conséquences est douteuse; mais c'est alors le cas d'invoquer le principe de l'Article 1162. (Code Civ.) « Dans le doute, la convention s'interprète contre celui qui a stipulé et en faveur de celui qui a contracté l'obligation. » Si le créancier désirait un engagement plus rigoureux de la caution, que ne s'est-il exprimé plus nettement? Il ne dépend pas de l'interprète, sur le fondement d'une simple possibilité, de sacrifier l'intérêt de la caution à celui du créancier.

La tradition a peu d'importance en cette matière ; elle n'est pas cependant négligeable. Pothier (Nos 408 et 416, *loc. cit.*) considérait si peu l'engagement de la caution solidaire comme une véritable obligation solidaire à l'égard du créancier qu'il discutait sur le point de savoir, s'il contenait une renonciation implicite aux bénéfices de division et de discussion. S'il optait pour l'affirmative, il n'aurait pas été plus loin.

D'après le Code fédéral suisse des obligations, la caution solidaire ne perd pas, par la stipulation de solidarité, son caractère d'obligé accessoire. (Schneider et Fick, p. 385, Art. 495, Note 2.) Le projet de Code Civil japonais consacre la même solution.

Nous sommes donc fondé à conclure que la caution solidaire conserve son caractère d'obligé accessoire, en tant qu'il est compatible avec la solidarité envisagée dans son essence ; elle est privée seulement des bénéfices de division et de discussion.

Sur l'interprétation du cautionnement solidaire et la détermination de sa nature juridique la jurisprudence est hésitante.

En 1866 la Cour de Cassation (Chambre civile) déclare que la solidarité ne change pas la nature du cautionnement et qu'elle en modifie seulement les effets. (18 Juillet 1866. D. 66, 1-326.) L'espèce était la suivante : la novation intervenue entre le créancier et la caution solidaire libère-t-elle le débiteur principal? La solution à adopter varie suivant que la caution solidaire est considérée comme une caution simple ou assimilée à un véritable codébiteur solidaire. (Art. 1281, 1. Code Civ.) La Cour de Cassation a décidé que la novation faite avec la caution solidaire

ne libère pas le débiteur principal. En 1882 la
Chambre des Requêtes décide au contraire que les
effets juridiques du cautionnement solidaire sont réglés
par les principes établis pour les dettes solidaires.
(7 Juin 1882. D. 82,1-441.) Voici la substance de
cet arrêt :

Une caution solidaire (donneur d'aval d'un billet à
ordre) a été déchargée de la solidarité, puis l'une des
autres cautions est devenue insolvable. La question
de savoir qui doit supporter la perte résultant de cette
insolvabilité doit être résolue conformément à l'Article
1215. (Code Civ. ; Cf. Art. 2027.)

Et cependant de nombreuses décisions ont reconnu
à la caution solidaire le droit d'invoquer les Articles
2037 et 2038. (*Vide* Cass., 5 Janvier 1888, D. 88-
1-36.)

4º Codébiteur solidaire non intéressé (*correus non
socius*), Art. 1216, Code Civ.

Le créancier peut exiger une garantie plus complète que le cautionnement solidaire, en stipulant de
celui qui intervient pour autrui, comme d'un véritable
débiteur solidaire. La condition de ce codébiteur
solidaire non intéressé est réglée par l'Article 1216
(C. Civ.) ; elle varie suivant l'aspect sous lequel on
l'envisage. Par rapport au créancier, le garant est
tenu solidairement ; mais sa position au regard de
celui pour le compte duquel il intervient est celle
d'une caution.

Le créancier aura donc contre le codébiteur solidaire
non intéressé un droit de poursuite pour le tout, il

pourra invoquer les Articles 1205, 1206, 1207 dont la base est le mandat de représentation réciproque. La compensation du chef du débiteur garanti ne lui sera pas opposable. (1294, § 2.) Enfin la déchéance de l'Article 2037 ne sera pas encourue par le créancier, s'il rend la subrogation de l'Article 1251, § 3, impossible.

Au regard de celui que la dette contractée intéresse personnellement, le codébiteur solidaire est considéré comme une caution et son recours est réglé suivant le droit commun de la fidéjussion[1].

De cet examen dogmatique, il ressort que le cautionnement a une tendance marquée à se confondre avec la solidarité par l'aggravation de ses effets. Cette tendance se manifeste par la renonciation aux

---

[1] D'une manière générale, on peut dire que si la solidarité augmente la garantie du créancier, elle ne change pas la nature des obligations réciproques des codébiteurs solidaires. Un arrêt de la Cour de Dijon, 9 Août 1893 (*Journal du Notariat*, N° du jeudi 1er Février 1894) a fait une application intéressante de ce principe dans l'espèce suivante : Un père et une mère constituent une dot chacun pour moitié à titre d'avancement d'hoirie et s'obligent solidairement à payer. L'Article 1438 du Code Civil n'en demeure pas moins applicable, et la dot doit être considérée comme rapportable par parts égales à la succession de chacun des donateurs.

Nous retrouvons une application de ce principe que la solidarité ne modifie pas les rapports des débiteurs, l'un vis-à-vis de l'autre dans un arrêt de rejet de la Chambre civile du 1er Juillet 1892, rapporté par la *Revue internationale de Droit maritime*, 1892-1893, p. 6. Cet arrêt statue dans

bénéfices et le cautionnement solidaire; elle se réalise par l'usage fréquent de la solidarité pure « forme perfectionnée du cautionnement. » Nous avons expliqué cette évolution curieuse par l'influence commerciale et le perfectionnement du crédit réel mobilier. Mais, à l'inverse, la solidarité ne facilite-t-elle pas cette fusion par l'atténuation de la rigueur de ses effets ? Telle est la question que nous devons maintenant aborder.

B. — Étude critique de la solidarité

Nous étudierons la solidarité :

α. Au point de vue de l'interprétation doctrinale.
Théorie de la solidarité imparfaite.

---

l'hypothèse d'un abordage maritime survenu par la faute commune des deux capitaines — et sur le pourvoi dirigé contre un arrêt de la cour de Bordeaux, qui avait admis : « Que 4/5 du dommage seraient supportés par le propriétaire de l'un des navires et 1/5 par l'autre ; mais que le chargeur pourrait agir pour le tout contre l'un des deux propriétaires à son choix. »

N'y avait-il pas contradiction entre ces deux décisions ?

La Chambre civile ne l'a pas pensé.

« La répartition du dommage entre les deux navires n'affectait que le rapport des codébiteurs. Elle était faite d'après le degré de faute de chacun. Mais elle ne concernait pas les rapports de ceux-ci avec les tiers. L'inégalité des fautes commises par les capitaines n'empêche pas que chacune d'elles isolément ait pu produire tout le dommage. » (Lyon-Caen, *Rev. crit.*, année 1893, p. 262.)

6. Au point de vue de l'interprétation de la jurisprudence.

Mandat réciproque des codébiteurs solidaires.

γ. Dans ses conceptions nouvelles.

Législations étrangères.

Mais avant d'étudier les caractères de la solidarité
à notre époque et les formes sous lesquelles elle se
présente dans les diverses législations, il est nécessaire
de remonter dans l'histoire jusqu'à l'origine de la
solidarité et d'exposer les conceptions que les jurisconsultes anciens se sont formées de cette institution.

CONCEPTION ROMAINE DE LA SOLIDARITÉ. — PRINCIPE DE
CONSTRUCTION. — DEUX SOLIDARITÉS.

1° *Corréalité.* — Le système romain de la solidarité
(J'entends parler seulement de la solidarité proprement dite ou corréalité), repose tout entier sur une
double idée : unité d'obligation et pluralité de liens.
« *Una res vertitur.* » Les codébiteurs solidaires sont
appelés *rei ejusdem obligationis.* « *Una est obligatio, duo sunt rei ejusdem obligationis.* » L'unité
d'obligation a son principe dans l'unité d'objet que
la formule met en relief. (Mention de l'*idem debitum*,
unité de contexte.)

Les liens qui réunissent chacun des codébiteurs
solidaires au créancier sont principaux et indépendants les uns des autres en ce qui concerne la possibilité et les conditions de leur formation. (L. 9, § 2 ;

D. *de duobus reis.*) « *Nihilominus in cujusque per-sona propria singulorum consistit obligatio* [1] *.* »

L'unité d'obligation se traduit par plusieurs effets qui la mettent en relief.

EFFETS DE L'UNITÉ D'OBLIGATION SUR LES CAUSES D'EXTINCTION ET LA PERPÉTUATION DE LA DETTE SOLIDAIRE

1º La *litis contestatio* éteint *erga omnes* la dette solidaire, lorsque l'un des *correi* a été poursuivi. (L. 2, *de duobus reis.*) « *Petitione unius tota solvitur obligatio.* »

2º le paiement fait par un des *correi* et les modes d'extinction assimilés au paiement qui se réalise en la personne d'un *correus* (novation, acceptilation) ont un effet absolu.

3º Le fait de l'un des codébiteurs solidaires nuit aux autres. (L. 18 *de duobus reis.*)

4º La prescription extinctive interrompue à l'égard de l'un des coobligés est réputée interrompue à l'égard des autres. (L. V. *de duobus reis* ; Code, 8-40.)

L'idée d'un mandat réciproque de représentation entre *correi* doit être écartée en Droit romain.

Les éléments constitutifs de la solidarité se réduisent à deux, « unité d'obligation et pluralité de liens. » Toutefois on a prétendu qu'il existe entre codébiteurs solidaires un mandat réciproque de se représenter

---

[1] Sur les conséquences à tirer de ce principe, *vide* Accarias, t. II, p. 141.

en justice vis-à-vis du créancier. (Brinz, Pand., § 253, Notes 34 et sq.) Brinz a même généralisé cette idée de représentation en matière de solidarité.

Comment la *litis contestatio* pourrait-elle éteindre le droit à l'égard de tous, si le codébiteur poursuivi ne représentait pas les autres ? L'objet, dit-on, est déduit en justice absolument parce qu'il est un, mais cette suppression de l'objet résulte d'un fait essentiellement relatif, la *litis contestatio*, véritable contrat intervenu entre le demandeur et le défendeur. « *Res inter alios acta ceteris non prodest.* » Pour qu'un autre des codébiteurs solidaires puisse invoquer l'effet extinctif de la *litis contestatio* dans une instance nouvelle, il faut qu'il ait été représenté dans la première poursuite.

L'effet absolu de l'interruption de prescription (Const. 5, au Code 8, 40.), s'explique également par l'idée de représentation mutuelle.

Nous n'hésitons pas à rejeter cette représentation réciproque des codébiteurs solidaires. L'idée de mandat n'apparaît nulle part dans les textes. Ils ne reconnaissent pas au créancier le droit d'exercer l'action *judicati* contre les *correi* non compris dans l'instance [1].

L'unité d'obligation suffit pour expliquer l'effet extinctif *erga omnes* de la *litis contestatio*. Peu importe la multiplicité des liens obligatoires; envisagée

---

[1] Cf. Gérardin, *loc. cit., Nouv. Rev. hist.,* p. 263.

dans son contenu (objectivement), la dette est une. Le droit de poursuite plane *in abstracto* sur tous les *correi*, mais il ne peut être exercé qu'une fois, il s'épuise par le choix que fait le créancier d'un sujet passif de l'obligation.

Il ne suffit pas d'avoir analysé la conception juridique de la corréalité, une question nouvelle surgit. Cette conception se réalise-t-elle toutes les fois que plusieurs personnes sont tenues d'une dette, de telle sorte que le créancier puisse poursuivre chacune d'elles pour le tout ? N'existe-t-il pas à côté de la corréalité une solidarité imparfaite ? Quel est le critérium de distinction ? Sur quel fondement juridique repose la simple solidarité ?

Corréalité et simple solidarité. — Il existe à Rome deux formes de l'obligation au tout : d'une part, la corréalité qui traduit la fonction contractuelle de la solidarité, et d'autre part, la responsabilité collective , qui exprime la fonction délictuelle de la solidarité [1] . L'une, instrument de crédit perfectionné, est l'œuvre de la volonté humaine ; l'autre est fondée non plus sur la volonté des codébiteurs, mais sur la faute commune à plusieurs personnes qui ont causé à autrui un dommage. La partie lésée a le droit de réclamer à l'une d'elles le paiement intégral de l'indemnité.

---

[1] Cette expression est quelque peu étroite, la simple solidarité pouvant résulter d'une faute contractuelle.

Critérium de distinction. — La corréalité résulte de la volonté humaine qui peut l'introduire même dans les contrats de bonne foi. (Fg. 9, *de duobus reis.* Dig.) « *Eamdem rem apud duos pariter deposui utriusque fidem in solidum secutus, vel eamdem rem duobus similiter commodavi* ; *fiunt duo rei promittendi, quia non tantum verbis stipulationis, sed et ceteris contractibus : veluti emptione venditione, locatione conductione, deposito, commodato, testamento.* »

La solidarité imparfaite résulte d'un principe de raison. Plusieurs personnes ont lésé autrui par une faute commune, la responsabilité est indivisible. « La responsabilité collective, dit M. Gérardin (p. 395, *Nouv. Rev. hist.*, 1885), découle de la pluralité des fautes, qui engendre pluralité d'obligations : : c'est quelque chose de naturel ; étant donné la communauté de fautes, il y aurait méconnaissance du principe de justice à ne pas admettre la communauté de responsabilité. » Cette responsabilité collective trouve son application dans toutes les obligations, quelle qu'en soit la source.

Dans le domaine des obligations délictuelles ou quasi délictuelles, le principe de la responsabilité solidaire de chacun des codélinquants apparaît très nettement dans les textes. (Const. 1 : Code *de cond. furtiva* ; L. 14, §§ 15, 15, *quod metus causa*, 4-2 ; 17, *de dolo malo*, 4-3.)

Dans le domaine des obligations contractuelles ou quasi contractuelles, la responsabilité collective se ren-

contre également, lorsque plusieurs débiteurs sont
tous coupables de fautes envers le créancier commun.
(Ulp. Fg. 1, § 43. XVI-3.) Un objet a été déposé chez
deux personnes, sans stipulation de solidarité. La chose
déposée périt par leur dol commun, chacun des dépositaires est tenu *in solidum*. « *Si apud duos sit depo-
sita res, adversus unumquemque eorum agi poterit,
nec liberabitur alter, si cum altero agatur : non
enim electione, sed solutione liberantur.* » La solidarité imparfaite de la Loi 1, § 43, *depositi* repose
sur le dol commun des dépositaires (Arg. des mots,
proinde si ambo dolo fecerunt) ; elle n'a pas sa source
dans la volonté des cocontractants. (Cf. Gérardin,
p. 393 et 394., *Nouv. Rev. hist.*, 1885.)

Intérêt de la distinction. — La corréalité se caractérise par l'unité d'obligation qui fait défaut dans la
simple solidarité.

Les deux espèces d'obligation au tout reposent sur
des fondements distincts ; de cette diversité d'origine
(volonté d'une part, faute commune de l'autre), se
déduisent les effets différents de la corréalité et de la
solidarité imparfaite. La corréalité se caractérise par
l'unité d'obligation qui fait défaut dans la simple
solidarité.

Dans la simple solidarité, il n'y a qu'unité d'exécution, parce que l'équité exige que le préjudice soit
réparé mais ne permet pas que la victime d'une faute
commune puisse trouver en elle une source de profit.

Le créancier a autant d'actions qu'il y a d'auteurs
de la faute délictuelle ou contractuelle dont il réclame

réparation, parce que chacun d'eux a encouru une responsabilité particulière. Mais dès que le préjudice a été intégralement réparé par l'un des codébiteurs, les autres sont libérés.

« Il y a des obligations distinctes, dit M. Demangeat (p. 98), qui ont uniquement ce point de contact, qu'il suffit d'un paiement pour les éteindre toutes. »

L'examen des effets de la *litis contestatio* prouve l'absence d'unité d'obligation dans la simple solidarité. Tandis que la *litis contestatio* sur la poursuite de l'un des *correi* libère tous les autres (L. 2, *de duobus reis*), l'action intentée contre l'un des auteurs d'une faute commune, tenus *in solidum*, ne libère pas ceux qui n'ont pas été impliqués dans l'instance. « *Si cum uno agatur, cœteri non liberantur.* » (Ulpien, f. 11, § 2, *ad legem Aq.*) « *Non electione unius, non litis contestatione cum uno facta, sed solutione aut perceptione cœteri liberantur.* » Si comme nous avons cherché à le démontrer, l'effet extinctif absolu de la *litis contestatio* en matière de corréalité s'explique par l'unité d'obligation, nous sommes autorisés à conclure *a contrario* que la simple solidarité nous présente une pluralité d'obligations, que relie seulement l'unité du préjudice résultant d'une faute commune.

On pourrait déduire de cette idée fondamentale plusieurs autres conséquences, qui constitueraient autant de différences entre la solidarité simple et la corréalité, (En ce sens Gérardin, *Nouv. Rev. hist.*, ann. 1885, p. 402.)

L'étude des formes et des effets de l'obligation solidaire en Droit romain nous conduit aux conclusions suivantes :

La corréalité ou solidarité stipulée dans les contrats est construite avec deux éléments simples, unité d'obligation et pluralité de liens obligatoires. Envisagée dans son contenu et dans la formule qui lui donne naissance, la dette corréale est une ; envisagée au point de vue des *vincula juris* qui relient au créancier chacun des sujets passifs de l'obligation, la dette corréale est formée de liens multiples et indépendants.

La simple solidarité (responsabilité collective), résulte de la communauté de faute entre plusieurs personnes. De la faute commune délictuelle ou contractuelle naissent plusieurs obligations ayant pour objet la réparation intégrale du préjudice causé, pleinement indépendantes les unes des autres. Il n'y a pas unité d'obligation, mais unité d'exécution ; un seul paiement délie tous les codélinquants.

Cette conception romaine de la corréalité se répandit en France, lors de la renaissance de la législation de Justinien ; elle se retrouve dans l'œuvre de Dumoulin ou de Cujas, de Doneau ou de Pothier.

PRINCIPE DE CONSTRUCTION DE LA CORRÉALITÉ DANS LES ÉCRITS DE POTHIER

« La solidarité, dit Pothier, repose sur une double idée : unité d'obligation quant à l'objet, pluralité de liens. » (263, *Traité des Obligations.*)

« L'obligation solidaire est une, à la vérité, par rapport à la chose qui en fait l'objet et la matière ; mais elle est composée d'autant de liens qu'il y a de personnes différentes qui l'ont contractée. » « *Et si maxime parem causam suscipiunt, nihilominus in cujusque persona, propria singulorum consistit obligatio.* »

Pothier tire de l'unité d'obligation quant à l'objet des conséquences identiques à celles que nous avons déduites, en Droit romain, de la notion de corréalité.

La prescription est interrompue *erga omnes* par l'interpellation faite à l'un des débiteurs solidaires.

Si la chose due périt par la faute ou depuis la demeure de l'un des codébiteurs, la dette est perpétuée contre tous les autres jusqu'à concurrence de la valeur de l'objet dû.

« On ne trouve dans les écrits de Dumoulin et de Pothier aucune trace d'un mandat mutuel des codébiteurs solidaires au regard du créancier *ad minuendam vel perpetuandam, non ad augendam obligationem.* »

On a prétendu que cette solution relative aux conséquences de la demeure ou de la faute de l'un des débiteurs solidaires trouvait son explication dans un mandat mutuel de représentation au regard du créancier « *ad perpetuandam, non ad augendam obligationem* » que chaque codébiteur serait censé avoir donné aux autres. Ce mandat, imaginé par Dumoulin, pour concilier une prétendue antinomie de la loi pénultième *de duobus reis* et de la Loi 32 *de usuris,* aurait été accepté par Pothier.

A vrai dire, Dumoulin et Pothier n'ont rien écrit de semblable, l'idée de représentation leur est étrangère. Pothier explique les effets de la solidarité par l'ancienne idée d'unité d'obligation. (*Vide* Nᵒˢ 272 et 273. Cbn. *Traité des Obl.*) Pothier dit seulement que le fait et la demeure de l'un des codébiteurs solidaires préjudicie aux autres « *ad conservandam et perpetuandam obligationem, non ad augendam* » jusqu'à concurrence de la valeur de la chose, mais non des dommages-intérêts. (Nᵒ 273). M. Tissier (Note sur arrêt de Cassation du 16 Décembre 1891. S. 1893, 1-81) n'a trouvé aucune allusion au mandat mutuel et réciproque des codébiteurs solidaires dans les répertoires de jurisprudence du dernier siècle. (Ferrière, Denizard, Guyot.)

Le principe de construction de la solidarité est resté le même qu'en Droit romain.

Fonction délictuelle de la solidarité. — La fonction délictuelle de la solidarité se retrouve également dans le *Traité des Obligations* de Pothier, Nᵒ 363. Ceux qui ont concouru à un délit sont tous obligés solidairement à la réparation, ils ne peuvent opposer aucune exception de division, ni de discussion, en étant indignes. Pothier paraît confondre, quant à leurs effets et à leur nature juridique, la solidarité volontaire (corréalité) et la solidarité qui naît d'une faute commune, car il en traite dans le même chapitre et sans distinguer [1].

---

[1] Cette distinction n'avait pas échappé à Doneau, ni à Cujas. (Gérardin, p. 396, *Nouv. Rev. hist.*, année 1885.)

14

Tel était l'état de la doctrine lors de la rédaction du Code Civil,

PRINCIPE DE CONSTRUCTION DE LA SOLIDARITÉ DANS LE CODE NAPOLÉON

Les rédacteurs du Code Civil n'ont pas, soit dans les travaux préparatoires, soit dans les solutions qu'ils ont consacrées, manifesté l'intention d'innover. Les Articles 1205 et 1206 ont été empruntés à Pothier qui les explique par l'idée d'unité d'obligation. La conception romaine de la solidarité, unité d'obligation quant à l'objet, pluralité de liens, s'est maintenue dans le Code Civil. Mais à mesure que la complexité croissante de la vie juridique a fait naître de nouvelles difficultés d'application, la conception ancienne de la solidarité a paru insuffisante pour les résoudre; à vrai dire, elle ne satisfait personne, ses formes sont trop souples, ses contours trop indécis pour qu'un esprit ami de la logique et adversaire de l'arbitraire dans le Droit puisse s'en contenter. On invoquera tour à tour, au gré de ses besoins, la pluralité de liens ou l'unité d'obligation, pour faire triompher la solution que l'on préconise. Veut-on un exemple qui prouve jusqu'à l'évidence l'élasticité de cette conception, je citerai les règles du Droit romain sur les conséquences du *factum* et de la *mora* de l'un des *correi*. Il est facile de justifier ces solutions en apparence si difficiles à concilier. « *Factum alterius alteri nocet* » s'explique par l'unité d'obligation. « *Mora alterius alteri non nocet* » découle de la pluralité de liens. De nombreuses hypothèses se sont rencontrées dans la pratique qui réclamaient un principe de solution plus rigoureux.

Comment déterminer l'effet de la chose jugée avec l'un des codébiteurs à l'égard des autres? L'appel interjeté par un des coobligés solidairement profite-t-il aux autres? D'autre part, les interprètes du Code Civil ont cherché à coordonner les différentes solutions qui s'y trouvent consacrées. Ainsi est née l'idée d'un mandat mutuel et réciproque des codébiteurs solidaires à fin de représentation, dont la nature et la portée, d'abord vagues et indécises chez les premiers commentateurs, sont devenues dans la suite de plus en plus nettes et précises. Cette conception est nouvelle, étrangère à nos anciens jurisconsultes. M. Tissier, dans la note précitée, a tracé avec précision l'histoire du développement dans la doctrine de l'idée de représentation.

Le mandat de représentation, dont Duranton n'avait pas parlé, apparaît incidemment chez Toulier, à qui l'idée d'unité d'obligation semblait un principe d'explication incomplet. (T. VI, N° 729.) Les codébiteurs se sont donné mandat mutuel de payer les uns pour les autres. Merlin et Rodière en parlent à peine. C'est seulement chez les auteurs modernes que l'idée de mandat se montre au premier plan, dans tout son relief.

Les auteurs sont divisés sur la portée de ce mandat. Cherchant à synthétiser les diverses dispositions du Code Civil (Art. 1204, 1205, 1206), MM. Aubry et

Rau (Liv. IV, p. 28) s'expriment en ces termes : « Les codébiteurs se représentent les uns les autres dans l'intérêt du créancier pour tout ce qui est relatif à la conservation et à la poursuite de ses droits, de sorte que ce qui a été fait avec ou par l'un d'eux est censé fait avec ou par tous les autres. »

La thèse généralement reçue, peut être ainsi traduite : « Les codébiteurs solidaires sont réciproquement mandataires au regard du créancier *ad perpetuandam et minuendam, non ad augendam obligationem.* » (Vigié, tom. II, pag. 620 ; Baudry, tom. II, N° 972 ; Cf. Colmet de Santerre, tom. V, *passim*).

Toutefois, M. Larombière applique le mandat aux actes qui peuvent améliorer la situation des codébiteurs, non à ceux qui peuvent leur nuire.

Longtemps la jurisprudence était restée étrangère à cette idée de la représentation ; elle vient de la consacrer définitivement par un arrêt récent, qui confirme quelques tentatives antérieures. (Cass., 16 Décembre 1891 ; Sirey, 1893, 1-81.) Nous verrons plus loin dans quelle mesure.

La théorie de la solidarité nous étant donnée avec tous ses éléments constitutifs, voyons comment elle se transforme, suivant le plan proposé.

α. — Solidarité imparfaite.

Tout d'abord nous devons rechercher s'il convient d'admettre dans notre droit moderne l'existence d'une solidarité imparfaite. La question peut se poser tant pour l'obligation solidaire, qui a sa source dans la loi que pour celle qui a sa source dans un fait préjudiciable accompli par plusieurs personnes en commun.

1° *Solidarité légale.* — Dans des hypothèses assez nombreuses, le législateur établit entre personnes engagées à raison d'un même fait une responsabilité intégrale. D'après l'Article 55 du Code Pénal, tous les individus condamnés pour un même crime ou pour un même délit sont tenus solidairement des amendes, des restitutions, des dommages-intérêts et des frais. L'ancien Article 1734 du Code Civil déclarait les colocataires d'un bâtiment solidairement responsables de l'incendie de ce bâtiment. Les Articles 395 et 396, 1033, 1442, 1887, 2002 nous présentent des hypothèses variées dans lesquelles la loi de sa propre autorité établit une obligation au tout à la charge de personnes tenues *ex eadem causa.*

Dans ces divers textes, certains auteurs ont voulu voir des cas de simple solidarité. MM. Aubry et Rau (Livre IV, p. 20), se référant aux Articles 395, 1442, 1734 du Code Civil, 55 du Code Pénal [1], s'expriment en ces termes d'une grande précision : « Les dispositions de cette nature ne créent pas directement et par elles-mêmes des obligations parfaitement solidaires.

---

[1] A la page 19, ils considèrent les Articles 396 et 1033, comme établissant une véritable obligation solidaire et quant aux Articles 1887 et 2002 ils donneraient la même solution.

Elles donnent seulement au créancier le droit d'agir
pour le total contre l'une et l'autre des personnes
responsables et celui de provoquer contre toutes une
condamnation solidaire. Il en résulte que les effets
attachés aux obligations solidaires proprement dites
ne s'étendent pas tous et nécessairement aux cas de
responsabilité légale dont il vient d'être parlé. »

Quels sont donc les effets de la solidarité qu'il faut
écarter dans ces diverses hypothèses ? Une formule
peut les résumer. Comme on ne peut, disent les
partisans de cette thèse, concevoir rationnellement
l'existence d'un mandat mutuel et réciproque de
représentation au regard du créancier entre les
personnes, que les textes précités grèvent d'une
obligation au tout, il faut rejeter tous les effets de la
solidarité qui découlent de l'idée de mandat.

Les Articles 1205, 1206, 1207 du Code Civil, que l'on
explique d'ordinaire par l'idée de mandat de représentation doivent être en conséquence écartés. L'interruption de prescription sera purement relative ; la
faute, la demeure de l'un des codébiteurs ne produiront
d'effet qu'à la charge de celui en la personne de qui
elles se rencontrent. Quant aux autres solutions que
la notion de mandat contient en germe (effets de
l'appel, autorité de la chose jugée), on les restreindra
pour la même raison à la véritable solidarité qui naît
de la convention.

La doctrine en majorité, d'accord avec la jurisprudence, a refusé jusqu'à notre époque d'admettre
l'idée de solidarité imparfaite dans les différentes

hypothèses de responsabilité légale au tout; nous partageons cette opinion.

La distinction proposée est arbitraire. Comment séparer les divers effets de la solidarité, suivant qu'ils dérivent ou non de l'idée de mandat? Quel est le critérium précis? Quand on analyse les hypothèses que nous avons citées, l'idée de mandat mutuel de représentation ne paraît incompatible avec aucune d'elles [1]. Le législateur se sert dans les Articles 395, 1442, etc., de l'expression technique de solidarité.

Bien plus, les effets que l'on rattache à l'idée de mandat peuvent s'expliquer par l'idée d'unité d'obligation quant à l'objet. Ainsi Pothier rendait compte de l'effet interruptif absolu de l'interpellation adressée à l'un des codébiteurs solidaires. (Cf.1206. C. Civ. *Traité des Obl.*, N° 272, § 2.) Par la même raison, lorsque la chose a péri par le fait ou par la faute de l'un des débiteurs solidaires, ou depuis qu'il a été mis en demeure, la dette est perpétuée *erga omnes*. (N° 273, § 3, *loc. cit.* Cf. 1205, C. Civ.) Les rédacteurs du Code Civil ont emprunté à Pothier ses solutions. Comment auraient-ils pu songer à les motiver par une idée de mandat, qui leur était aussi étrangère qu'à leur guide et qui apparaît seulement chez les premiers commentateurs? La tradition est conforme à notre thèse. Pothier (N° 265 à 268, *loc. cit.*) ne distingue pas entre les diverses sources des obligations

---

[1] *Vide* sur ce point Colmet de Santerre, p. 210, t. V.

solidaires, pour en régler les effets. La solidarité des tuteurs et des administrateurs publics (échevins, fabriciers, administrateurs des hôpitaux) qui découle de la loi, ne diffère pas de la solidarité convention- nelle par sa nature juridique.

Nous sommes en droit de conclure que les obliga- tions solidaires légales sont soumises sans restriction aux dispositions de la loi civile et spécialement aux Articles 1205, 1206, 1207.

Toutefois, il est curieux de signaler dans le projet de Code Civil pour l'Empire du Japon, de M. Boisson- nade, la distinction de deux types d'obligation soli- daire , fondée [sur l'absence du mandat mutuel et réciproque de représentation des codébiteurs dans l'obligation intégrale. Pour régler les effets de celle-ci, on n'applique pas les conséquences du mandat récipro- que. La poursuite exercée contre l'un des coobligés n'interrompt pas la prescription et ne fait pas courir les intérêts à l'égard des autres. La responsabilité des fautes commises est personnelle à leur auteur. La chose jugée n'est opposable qu'aux codébiteurs compris dans l'instance et ne peut être invoquée que par eux seuls.

Que reste-t-il donc, dans l'obligation [intégrale, de la conception de la solidarité? Le droit pour le créancier de poursuivre pour la totalité de la dette l'un quelconque des coobligés et l'effet libératoire *erga omnes* du paiement.

2° *Solidarité délictuelle.* — La solidarité qui, d'après la jurisprudence, grève les personnes coupables d'un même délit ou quasi-délit civil, doit-elle être considérée comme un cas de solidarité imparfaite ?

Si on ne peut voir dans la solidarité légale une solidarité imparfaite, ne faut-il pas reconnaître ce caractère à l'obligation de réparer intégralement le préjudice causé, qui pèse sur chacun des coauteurs d'un délit civil ?

Suivant une jurisprudence constante (Cass., 14 Mars 1882, D. 83-1-403, S. 84-1-238 ; 28 Janvier et 8 Juillet 1885, S. 85-1-480 et 494 ; 25 Octobre 1885, S. 87-1-411 ; 18 Novembre 1885, D. 86, 1-397, S. 89-1-55) [1], les coauteurs d'un délit ou quasi-délit civil sont obligés, chacun individuellement, à réparer la totalité du préjudice causé, à moins qu'il soit possible de déterminer avec précision la part de responsabilité de tous les délinquants.

Chacun d'eux a commis une faute distincte [2] et partant est grevé d'une obligation particulière ; il existe autant de liens obligatoires que de personnes coupables. La responsabilité est indivisible ; chaque délinquant est tenu au tout, mais le paiement fait par l'un d'eux libère tous les autres. La jurisprudence suit la tradi-

---

[1] Adde, Paris, 28 Juin 1894, *Gaz. Pal.* 1894, 17 Juillet. Trib. Civ. Seine, 8 Juin 1894. *Gaz. Pal.*, 25 Juillet 1894.

[2] *Unusquisque fraudis particeps auctor est.* L. 15, § 2. D. *quod vi aut clam.*

Chacun est à considérer comme étant individuellement l'auteur du dommage causé par le délit.

tion de la pratique romaine, tradition qui lui a été transmise par l'œuvre de Pothier. (No 268, *Traité des Obl.*) « Ceux qui ont concouru à un délit sont tous obligés solidairement à la réparation à cause de leur indignité. On ne saurait voir dans la solution de la jurisprudence une extension de l'Article 55 du Code Pénal, qui à raison de son caractère rigoureux et exceptionnel est de droit strict. Elle repose sur l'idée d'indivisibilité de la faute et sur ce principe de raison, que la responsabilité individuelle ne saurait être en raison inverse du nombre des auteurs du délit, puisque la gravité objective du délit croît avec le nombre de ceux qui y participent.

Mais quelle est la nature juridique de cette obligation intégrale ? Faut-il voir en elle une solidarité véritable ou une simple obligation *in solidum ?*

La jurisprudence, à l'exemple de Pothier (N°268 précité), paraît la considérer comme une solidarité véritable et lui appliquer sans restriction les textes du Code Civil. Elle se sert des termes de solidarité, débiteurs solidaires. (*Vide* Cass. 15 Janvier 1878. D. 1878, 1, 152. S. 78. 1. 293.) Un Arrêt récent de la Chambre des Requêtes du 10 Novembre 1890 (S. 91. 1. 241.) repousse absolument le principe de la solidarité imparfaite. Cet Arrêt consacre l'application de la théorie du mandat de représentation aux personnes obligées solidairement à raison d'une faute commune. Il s'agit dans l'espèce de fondateurs d'une Société condamnés solidairement envers les créanciers pour fausse déclaration de versement du quart. « La condamnation a été prononcée, non en vertu d'une disposition légale, l'Article 42 de la loi de Juillet 1867, mais de la responsabilité commune d'un même fait, non versement du quart des actions souscrites, voilé par une affirmation mensongère. » La Cour décide que la déchéance encourue par ceux des codébiteurs dont l'appel était tardif est couverte par l'appel régulièrement formé par l'un d'eux [1].

La doctrine unanime proteste contre cette solution de la jurisprudence et considère la responsabilité intégrale des coauteurs d'un délit civil comme constituant un cas de solidarité imparfaite. Le créancier peut exiger de l'un quelconque des débiteurs toute l'indemnité ; voilà la limite et la mesure de son droit. La présomption de mandat n'est rationnelle que dans les cas de solidarité conventionnelle ou de solidarité légale fondée sur une convention tacite. L'unité d'obligation quant à l'objet ne se conçoit également que dans la solidarité volontaire ; ce point de vue était sans aucun doute celui des jurisconsultes romains. Ainsi les Articles 1205, 1206, 1207, quelque fondement qu'on leur assigne, doivent être écartés en matière

---

[1] Nous retrouvons le même principe appliqué dans un arrêt de la Cour d'Appel de Caen, du 5 Mars 1894. (*Gazette du Palais*, 17-18 Août 1894), qui statue dans l'hypothèse d'un quasi-délit. Cet arrêt décide que l'appel interjeté par un des codébiteurs solidaires profite aux autres. (Mandat de représentation.) (*Jp. constante*. Voir arrêts cités en note, *loc. cit.*)

de responsabilité collective. Les effets de l'interruption de prescription, de la demande de dommages et intérêts, de la faute, de la demeure sont donc purement relatifs. Nous considérons les divers auteurs du délit civil comme tenus d'obligations entièrement distinctes n'ayant entre elles qu'un point de contact « un seul paiement suffit pour les éteindre toutes. » Nous rejetons comme étant contraires à la nature des choses l'unité objective d'obligation et le mandat mutuel de représentation.

Conclusion. — Il résulte de cette partie de notre étude que la jurisprudence française rejette absolument toute idée de solidarité imparfaite, soit qu'il s'agisse d'obligation au tout découlant de la loi elle-même, soit qu'on se réfère à la responsabilité collective née d'un délit ou d'un quasi-délit civil. Nous avons admis néanmoins qu'il fallait voir dans cette seconde hypothèse un cas de solidarité imparfaite, étranger aux principes du mandat mutuel de représentation et d'unité d'objet, avec lesquels est construite toute la théorie de la véritable solidarité [1].

---

[1] M. Raoul de la Grasserie (*Revue critique* de 1894) voit dans la solidarité imparfaite (obligation *in solidum*) l'institution juridique qui doit se généraliser et remplacer la solidarité parfaite. (Code Civil allemand.)

β. — Mandat mutuel de représentation des codébiteurs solidaires. — Interprétation de la jurisprudence

---

Si nous n'avons pas, en traitant de la solidarité imparfaite, constaté une tendance marquée de la jurisprudence à atténuer la rigueur des effets de la solidarité, cette tendance apparaît au contraire avec évidence dans l'interprétation bienveillante du mandat mutuel de représentation des débiteurs solidaires au regard du créancier.

Longtemps la Cour de Cassation et les Cours d'Appel avaient refusé d'admettre l'idée de mandat, dont l'importance croissait de jour en jour en doctrine.

Elle est plus juste que la solidarité parfaite, les effets en sont voulus et ne renferment pas de surprise. J'ai consenti à payer à la place de mon codébiteur, s'il ne payait pas, même tout de suite, sauf mon recours, mais je n'entendais pas répondre de la faute de mon codébiteur quand je croyais ne répondre que de sa solvabilité.

Jadis la solidarité intervenait entre personnes de même famille ou entre amis qui se connaissaient ; aujourd'hui, elle se rencontre souvent entre personnes qui ne se connaissent pas. (Exemple : solidarité des signataires successifs d'une lettre de change au regard du porteur.)

« La solidarité parfaite doit disparaître avec les idées de mandat qu'on y a jointes pour l'étayer, et il ne doit plus rester à sa place que l'obligation *in solidum*, la seule convenable au mode actuel d'évolution juridique. »

Elles cherchaient dans le silence des textes à résoudre les problèmes qui se posaient par le double principe traditionnel : « Unité d'objet et diversité de liens. » L'idée de mandat se manifeste pour la première fois dans un arrêt du 15 Janvier 1873 rendu sur le rapport de M. Larombière. « Le rapport déduit des textes du Code Civil que chaque codébiteur solidaire est en justice le contradicteur légitime du créancier et le représentant nécessaire de ses consorts en tant que ceux-ci n'ont pas à opposer d'exceptions personnelles. »

Depuis 1873, l'idée du mandat de représentation a pénétré de plus en plus dans la pratique et la jurisprudence en a fait de nombreuses applications en matière de chose jugée.

Elle avait d'abord décidé que la chose jugée contre un des codébiteurs solidaires n'est pas opposable aux autres ou plus généralement n'est jamais jugée à leur égard. (Limoges, 19 Décembre 1842, S. 43-2-495; Cass. 25 Mars 1861, S. 1861, 1-433.) Depuis, sous l'influence de la théorie de la représentation, elle adopte une solution contraire.

Sous le bénéfice de quelques réserves [1], le débiteur solidaire est déclaré par les décisions nouvelles mandataire de ses codébiteurs, et les jugements rendus pour ou contre lui ont l'autorité de la chose jugée vis-à-vis d'eux. (*Vide* Cass., 28 Décembre 1881; S. 83-

---

[1] *Vide* sur ces réserves l'ouvrage de M. Lacoste, *Chose jugée*, p. 186, N° 592.

1-465 ; 1er Décembre 1885 ; S. 86-1-55 ; Alger, Décembre 1885 ; S. 86-2-80 ; M. Lacoste, N°593 [1]).

Mais quelle portée convenait-il de donner à ce mandat une fois admis? La doctrine décide généralement, par induction tirée de l'Article 1205, que le mandat existe *ad perpetuandam vel minuendam sed non ad augendam obligationem*. Si la chose due périt par la faute de l'un des coobligés, les autres restent redevables de la valeur de l'objet qui a péri (mandat *ad perpetuandam obligationem*), mais non des dommages et intérêts (mandat *ad augendam*). Appliqué à la chose jugée, ce système conduit à la distinction suivante : « Les codébiteurs non impliqués dans l'instance pourront se prévaloir de la chose jugée en tant qu'elle leur est favorable, mais non se la voir opposer en tant qu'elle peut leur nuire. » (Marcadé, Art. 1351, N° 13 ; Rodière, *de la Solidarité*, N° 109 et 370 ; Aubry et Rau, t. VIII, p. 380, § 769, texte et note 52.)

La jurisprudence s'est montrée moins rigoureuse que la doctrine et par un arrêt récent du 16 Décembre 1891 (S. 1893, 1-81) elle a interprété le mandat de représentation dans le sens le plus favorable aux codébiteurs solidaires. « En règle générale, dit en substance l'arrêt, et sauf les exceptions pouvant résulter d'une disposition expresse ou virtuelle de la

---

[1] *Vide* Arrêt du 27 Novembre 1893, qui pose très nettement le principe du mandat de représentation. (*Gazette du Palais*, Janvier 1894, p. 37.)

loi, le mandat que les débiteurs solidaires sont réputés
se donner entre eux, s'il leur permet d'améliorer la
condition de tous, n'a pas pour effet de pouvoir nuire
à aucun d'eux. »

La Cour de Cassation n'aurait-elle pas consacré le
mandat *ad minuendam obligationem* ?

Voici l'espèce dans laquelle la Cour a statué. Une
action en responsabilité solidaire pour défaut de gestion
est intentée contre les administrateurs d'une Société
anonyme. Le tribunal rejette la demande. Un des
administrateurs fait signifier le jugement pour faire
courir l'appel. (Art. 443, Code. Pr. civ.) Appel est
interjeté et signifié plus de deux mois après la notification de l'Article 443. Cet appel est-il opposable à
tous ? La Cour de Paris avait admis qu'en matière
d'obligation solidaire l'appel, interjeté en temps utile
contre plusieurs des coobligés, conserve le droit de
l'appelant vis-à-vis des autres. C'était reconnaître le
mandat *ad perpetuandam* sinon *ad augendam obligationem*. La Cour de Cassation a jugé que le créancier
ne peut être relevé de la déchéance encourue vis-à-vis
de celui qui a signifié, par l'appel interjeté en temps
utile contre les autres codébiteurs solidaires.

Comment la Cour de Cassation a-t-elle été conduite
à restreindre le mandat de représentation aux seuls
actes qui tendent à améliorer la situation de tous les
codébiteurs ? Voici quelle nous paraît être la genèse
de cette solution. Tout d'abord l'idée d'un mandat
même *ad augendam obligationem* est, semble-t-il,
difficilement conciliable avec l'équité, parce qu'elle

fait souffrir un codébiteur solidaire diligent de la négligence des autres ; elle vient de plus se heurter à l'Article 1205 *in fine*, qui limite évidemment les effets du mandat à la perpétuation de la dette avec son contenu primitif. Les codébiteurs, qui sont exempts de faute, ne sont pas tenus des dommages et intérêts. Le mandat de représentation repose sur la volonté présumée des coobligés solidaires ; il ne saurait donc être étendu aux actes dont l'effet est nuisible à l'intérêt général. « Si pour déterminer l'étendue de ce mandat, dit M. Charmont (*Revue critique*, année 1894), on considère le résultat final de l'acte, ne sera-t-il pas logique de reconnaître que cet acte accompli par un codébiteur ne devra et ne pourra nuire aux autres ? Voilà, ce nous semble, les raisons qui ont amené la Cour de Cassation à déclarer que, sauf texte contraire, le mandat de représentation ne saurait s'étendre aux actes éventuellement nuisibles à quelques-uns des codébiteurs solidaires, et doit être restreint à ceux qui améliorent la condition commune.

La jurisprudence consentira-t-elle à déduire les conséquences du principe qu'elle a posé avec tant de netteté, et modifiera-t-elle la solution qu'elle a adoptée en matière de chose jugée ? C'est là une question intéressante sur laquelle l'avenir nous instruira.

Il est curieux de constater que le projet de Code Civil japonais, le premier texte juridique qui mentionne expressément l'idée du mandat de représentation, admet l'effet absolu de ce mandat, *tam ad minuendam vel perpetuandam obligationem quam*

15

ad augendam. Le mandat ne concerne pas seulement
l'exécution de l'obligation et la conservation du droit
du créancier, il concerne encore la garde et la conservation de la chose due. Si la chose due périt par la
faute de l'un des codébiteurs ou pendant sa demeure,
ceux mêmes qui sont étrangers à la faute ou à la
demeure répondent non seulement de la valeur de
la chose (1205, C. Civ.), mais encore des dommages-
intérêts. Sans doute le rédacteur de ce projet, esprit
avide de logique, ennemi de l'arbitraire dans les
solutions, a été touché par cette considération rationnelle : « Peut-on concevoir un mandat, dont la portée
soit déterminée par les résultats et non par la nature
juridique et économique de l'acte qui en fait l'objet [1] ,
mandat mutuel donné à l'effet de perpétuer l'obligation primitive, mais non de l'aggraver ? » Ce n'est
qu'après coup, l'acte une fois accompli, qu'il est possible
de déterminer si le mandataire a excédé ou non les
limites de son mandat. De plus, le juge a besoin
d'un principe clair de solution. Ne peut-on pas dire
au reste que les codébiteurs solidaires ont pu prévoir
et ont accepté d'avance la responsabilité mutuelle de
leurs fautes ? Tels nous paraissent être les motifs qui
ont déterminé le rédacteur du projet de Code Civil
japonais à donner au mandat de représentation une
portée si étendue et des effets si rigoureux [2].

Quelle que soit la valeur théorique de ces dernières

---

[1] Saleilles, p. 113, *Essai d'une théorie de l'obligation*.

[2] Notamment en ce qui concerne la faute et la chose jugée.

considérations, la tendance à atténuer les effets de la solidarité que nous avons constatée en France (solidarité imparfaite de la doctrine, mandat limité de la jurisprudence), se manifeste avec plus d'énergie encore dans plusieurs des nouvelles législations étrangères[1]. Le mandat de représentation semble disparaître progressivement, ou tout au moins son domaine d'application est limité. Le principe de l'unité objective de l'obligation solidaire est ébranlé dans ses fondements. Nous étudierons seulement ici les lois étrangères qui ont un caractère d'originalité marqué, le Code fédéral suisse des obligations et le projet de Code Civil allemand.

γ. Conceptions nouvelles de la solidarité dans les législations étrangères

1° Code fédéral suisse des obligations ;
2° Projet de Code Civil allemand.

Le point de départ de cette tendance nouvelle est une raison d'équité. Il est juste, puisque les liens obligatoires qui rattachent au créancier chacun des codébiteurs solidaires sont principaux et indépendants, que les débiteurs diligents et exempts de faute ne

---

[1] D'autres, par exemple la législation espagnole (Code Civil de 1889), ne font guère que consacrer la doctrine traditionnelle du Code Civil français.

souffrent pas de la négligence ou du fait d'autrui qu'ils n'ont pas pu empêcher.

1° Code fédéral suisse. — Le Code fédéral suisse des obligations s'est inspiré de ces principes équitables. L'Article 165 de ce Code rejette la conséquence principale du mandat de représentation. « L'un des débiteurs solidaires ne peut pas aggraver par son fait personnel la position des autres. » Les Art. 1205 et 1207 du Code Civil nous offrent une solution différente. D'après le Code Civil suisse, le codébiteur solidaire en faute ou en demeure est seul responsable du préjudice causé de ce chef au créancier. Ainsi il devra seul les intérêts moratoires. Les projets avaient pour la même raison attribué à l'interruption de prescription des effets purement relatifs, mais cette disposition n'a pas été acceptée définitivement. L'Article 155 attribue à l'interruption de la prescription contre l'un des coobligés un effet absolu. On n'a pas voulu que la faveur avec laquelle on traitait les codébiteurs solidaires se retournât contre eux, en occasionnant des frais multiples.

Voyons à quel résultat on arrive par cette limitation, pour ne pas dire suppression, du mandat de représentation mutuelle. Si on se rappelle que la renonciation de la caution à ses bénéfices est l'hypothèse normale, la condition de celle-ci paraîtra plus dure que celle du codébiteur solidaire. En effet, au terme de l'Article 499 du Code suisse, la caution est tenue du montant de la dette principale ainsi que des suites légales de la faute ou de la demeure du débiteur. Quel indice curieux de la possibilité d'une fusion future de la solidarité et du cautionnement !

2° *Projet de Code Civil allemand*. — Les rédacteurs du projet de Code Civil allemand ont été bien plus avant encore dans la voie des réformes. Les liens obligatoires qui rattachent au créancier chacun des codébiteurs solidaires sont absolument indépendants ; ceux-ci apparaissent comme n'étant reliés par aucun rapport juridique,

Voici les solutions du projet de Code Civil qui nous intéressent principalement :

1° Les conséquences de la faute ou de la demeure personnelle à un des codébiteurs ne rejaillissent pas sur les autres. (Art. 325 et 326.) La perte de la chose due survenue dans ces conditions sera pour ceux-ci un cas fortuit ; ils ne seront pas même obligés à payer la valeur de cette chose.

2° L'interruption de prescription produit un effet essentiellement relatif.

3° La chose jugée est restreinte à ceux des codébiteurs solidaires qui ont été impliqués dans l'instance ; les autres ne pourront ni l'invoquer, ni se la voir opposer. (Art. 327.)

Que pouvons-nous induire de ces solutions ? Tout d'abord le projet de Code Civil allemand écarte virtuellement le mandat réciproque de représentation des codébiteurs au regard du créancier. En effet, toutes les solutions que les commentateurs modernes expliquent par cette idée de mandat (Art. 1205, 1206, 1207, C. Civ.) sont rejetées par le législateur allemand.

L'idée d'unité objective d'obligation nous paraît également, quand il s'agit de la solidarité passive, abandonnée par les rédacteurs du projet de Code Civil. L'effet absolu de l'interruption de la prescription (Code, V, 8-40), la solution donnée pour le *factum* étaient sans doute aux yeux des jurisconsultes romains une conséquence nécessaire de l'unité d'obligation. Il en était de même pour Pothier (Nos 272 et 273, *Traité des Obl.*) que les rédacteurs du Code Civil français ont suivi. Le projet de Code Civil allemand ne laisse subsister aucune des conséquences que l'on faisait découler dans la doctrine générale du principe d'unité d'obligation.

L'obligation solidaire (*Schuld-Verhältnisse mit einer Mehrheit von Schuldnern*) nous apparaît donc comme formée d'une pluralité de liens distincts et indépendants. Il n'y a pas unité objective d'obligation, mais seulement unité d'exécution. Le seul point de contact des divers liens obligatoires est qu'un seul paiement suffit à les rompre tous [1]. La solidarité du Code Civil allemand ressemble assez à l'obligation *in solidum* du Droit romain quant à sa nature juridique et à ses effets. Le projet semble s'être rallié à la thèse de Kuntze qui définissait la solidarité : « Une pluralité simultanée d'obligations ayant même contenu. » Bien que nées en même temps, elles n'en sont pas moins indépendantes.

---

[1] Il faut assimiler au paiement certains modes d'extinction équivalents (dation en paiement, compensation opposée, remise objective de la dette ou *acceptilatio* du Droit romain).

CONCLUSION GÉNÉRALE DE LA THÈSE FRANÇAISE

De notre étude de l'évolution comparée du cautionnement et de la solidarité nous pouvons conclure que la tendance de ces deux institutions à se fondre en une seule est réelle.

La fidéjussion tend vers la solidarité par l'aggravation de ses effets, qui se manifeste sous des formes variées (renonciation aux bénéfices de division et de discussion, cautionnement solidaire, engagement du codébiteur solidaire non intéressé. Article 1216, Code Civ.) Le développement de ces modes plus rigoureux de garantie est provoqué par l'influence commerciale, si favorable à l'expansion de la solidarité, et le perfectionnement du crédit réel qui oblige les sûretés personnelles, sous peine d'être exclues du domaine des affaires, à renforcer l'énergie de leurs effets.

La solidarité tend vers la fidéjussion par l'atténuation progressive de sa rigueur primitive. Le domaine de la solidarité imparfaite s'élargit peu à peu, quoique la jurisprudence française se refuse à la reconnaître. L'interprétation bienveillante qu'elle donne au mandat mutuel de représentation des codébiteurs (Cass., 16 Décembre 1891 ; S. 1893, 1-81), restreint aux actes qui améliorent la situation commune, est conçue dans le même esprit. Bien plus dans quelques législations nouvelles étrangères, le mandat des codébiteurs est aboli partiellement dans ses conséquences rigoureuses

(Code suisse), ou même totalement (projet de Code
Civil allemand). Ce dernier texte semble même écarter
l'unité objective d'obligation des jurisconsultes romains
et réduire de la sorte la solidarité à la simple obligation *in solidum*, dont on connaît le caractère :
« Pluralité d'obligations ayant même contenu mais
reliées par l'unité d'exécution. » Si on tient compte
de la fréquence des renonciations aux bénéfices, la
condition de la caution apparaîtrait dans ces législations nouvelles comme plus dure que celle du codébiteur solidaire.

Est-ce à dire que la fusion du cautionnement et de
la solidarité soit près de se réaliser entièrement et
que ces deux institutions fassent, dès à présent, double
emploi ?

Leur persistance à travers des milieux économiques variés, leur parallèle développement nous auto-
risent à le nier. Le cautionnement est plus conforme à
la réalité de la vie civile ; c'est un service d'ami. La
solidarité se prête mieux aux exigences de la vie
commerciale, où la promptitude , j'allais dire la
rigueur dans l'exécution des conventions, a tant de
prix ; elle est destinée à procurer au créancier non
seulement une plus grande certitude de paiement,
mais une plus grande facilité de poursuites. Si les
rapports sociaux tendaient de plus en plus, par leur
fréquence et la célérité qu'ils requièrent pour leur
formation, à se *commercialiser*, si la vie des simples
particuliers tendait de plus en plus à se modeler sur
celle des négociants, peut-être une fusion du cau-

tionnement et de la solidarité serait-elle possible? Le
développement du cautionnement solidaire, l'atténuation des effets rigoureux de la solidarité sont des
indices de la pénétration réciproque de nos deux institutions. Et cependant, le Code fédéral suisse, qui réalise
l'unité de la législation civile et commerciale en matière
d'obligations, distingue très nettement la fidéjussion
et la solidarité ; il prévoit même le cautionnement
solidaire, comme une sorte de trait d'union, puisqu'il
est formé d'éléments hétérogènes combinés. La pratique suisse a donc constaté que les deux formes du
crédit personnel peuvent coexister utilement. Même
en droit commercial, quelques auteurs hésitent encore
à faire de la solidarité le droit commun. D'ailleurs,
si dans bien des cas (comme il arrive d'ordinaire dans
les spéculations commerciales) le créancier fait la loi
du contrat, le débiteur qui s'engage pour autrui veut
de son côté que la charge qu'il assume ne soit pas
pour lui trop onéreuse et cherche à concilier son
intérêt personnel avec les droits légitimes du créancier.
Le garant considérerait une prétention exagérée de
celui-ci comme une véritable injustice, une marque
de défiance et retirerait son appui au débiteur qui le
prie d'intervenir. Pour avoir voulu être trop énergiquement garanti, le créancier risquerait fort de ne
l'être pas du tout. Les intérêts contraires du créancier
et du débiteur font comprendre à merveille l'utilité
de la coexistence du cautionnement et de la solidarité.

Si le créancier a plus de poids, l'équilibre se fait à
son avantage, il obtient la solidarité ; sinon le cau-

tionnement simple est sa seule garantie. Or, les résultats
de la lutte sont infiniment variés et douteux. Voilà
comment nous expliquons la persistance des deux
institutions de crédit personnel. Le législateur ne fait
que proposer deux formes distinctes à ceux qui veulent
s'engager pour autrui. Les besoins de la pratique
sont si variés que chacune d'elles a son utilité propre,
et l'emploi qu'on en fait en légitime l'existence. Le
principe supérieur est celui de la liberté des conventions.

Ainsi quoique le cautionnement et la solidarité
tendent de plus en plus à se rapprocher, ils ne font
pas actuellement double emploi. L'un est propre à la
vie civile, l'autre à la vie commerciale. L'un marque
la prééminence de la volonté du créancier, l'autre,
celle de la volonté du garant. Le cautionnement solidaire apparaît comme une transaction équitable intervenue entre le créancier et la caution. Qu'arrivera-t-il
dans l'avenir ? Nos études précédentes le font pressentir.
Il est probable que la tendance à la fusion du cautionnement et de la solidarité s'accentuera de plus en
plus.

Confusion originaire de la solidarité et du cautionnement, puis différenciation progressive, enfin tendance
à une confusion nouvelle, voilà le rapide tableau de
l'évolution dont nous avons suivi toutes les phases.

L'humanité semble être revenue au point de départ
et cependant elle a progressé. La solidarité en matière
d'obligations était la manifestation extérieure de la
copropriété familiale qui absorbait l'individu dans le

sein du groupe. Celui-ci par ses efforts persévérants
a conquis l'autonomie ; il s'est affranchi des liens
rigoureux qui limitaient sa liberté. Mais alors, aban-
donnés à eux-mêmes, les individus ont éprouvé le
besoin de s'appuyer les uns sur les autres. De là
est née une application nouvelle de la solidarité, fondée
sur l'accord des volontés libres. De nos jours, la
solidarité est devenue la base du crédit ouvrier et
agricole [1], le moyen dont les petits producteurs
autonomes se servent pour soutenir une lutte moins
inégale contre la grande industrie, forte de l'accumulation des capitaux et de la puissance des machines.
Puisse cette force de la solidarité, mise au service
des petits producteurs autonomes, enrayer cette évolution fatale, qui tend à substituer partout l'usine à
l'atelier et à séparer de plus en plus les deux facteurs
de la production, le travail d'une part, et de l'autre
le capital.

---

[1] Nous étudierons cette fonction de la solidarité dans
l'appendice consacré au rôle actuel des sûretés personnelles
dans la vie économique.

APPENDICE

RÔLE ACTUEL DES SÛRETÉS PERSONNELLES. — LEUR INFLUENCE
A-T-ELLE GRANDI OU DIMINUÉ ?

Notre étude historique de l'évolution parallèle des deux formes de sûretés personnelles, le cautionnement et la solidarité, serait incomplète, si nous ne comparions l'importance respective à travers les âges des sûretés personnelles et réelles. Cette comparaison nous mettra à même de répondre à la question que nous nous sommes posée, à savoir si le rôle économique des garanties personnelles tend à s'accroître ou à se restreindre. Mais peut-être critiquera-t-on notre méthode en ces termes : « Pourquoi n'avez-vous pas opposé au cours de votre étude les deux types de sûretés ? En procédant par antithèse, vous auriez répandu sur la matière une lumière plus vive. Le sociologue ne doit pas séparer, dans l'exposition, des phénomènes qui, dans la réalité, sont réunis. » A vrai dire, nous avons eu nous-même quelque doute sur le choix de la voie à suivre, et ce n'est pas inconsidérément que nous avons procédé par division.

La méthode qui, rationnellement, paraît la meilleure est souvent vicieuse en pratique. Il n'eût pas été prudent de compliquer l'évolution des sûretés personnelles, si délicate par la variété de ses phases et la multiplicité des conditions extérieures qui ont influé sur son cours. Analyser, n'est-ce pas diviser ce qui dans la réalité est réuni? Au reste, on ne peut saisir nettement les causes qui, à une époque déterminée, assurent la prépondérance de telle forme de sûretés, que si on a étudié avec précision chacun des termes du rapport. Ainsi notre première étude apparaît comme une préparation naturelle à l'examen du second problème, dont nous recherchons la solution.

Nous suivrons dans l'appendice la même division que dans le corps de notre travail. Chacune des deux premières phases de l'évolution a présenté des ressemblances frappantes avec l'autre. Confusion du cautionnement et de la solidarité à l'origine, distinction progressive, enfin séparation complète. La confusion originaire traduit extérieurement la solidarité familiale; la tendance à la distinction marque la désagrégation graduelle de la famille. Eh bien, la prédominance des sûretés personnelles coïncide avec la confusion primitive de la solidarité et du cautionnement ; les progrès des sûretés réelles suivent la différenciation progressive de ces deux institutions. Le cautionnement cessant d'être un devoir impérieux, pour devenir une pure faculté, et atténuant par degrés l'énergie de ses effets, les garanties réelles virent s'étendre par contre-coup leur domaine d'application, d'autant plus facilement que l'émancipation de l'individu par rapport au groupe coïncide d'ordinaire avec le développement de la fortune publique et le perfectionnement des moyens de crédit.

Pendant la période moderne, sous l'influence commerciale, le cautionnement tend vers la solidarité, qui devient le mode normal de garantie personnelle. Dès lors, le domaine de celle-ci s'étend de nouveau, quoique le développement des valeurs mobilières, le perfectionnement des procédés de crédit réel rendent la concurrence des sûretés réelles plus redoutable. En même temps la complexité croissante des rapports sociaux, les formes de plus en plus variées de l'activité humaine ouvrent aux sûretés personnelles des voies nouvelles. Loin de diminuer, leur rôle grandit.

PLAN DE NOTRE ÉTUDE

1° Période romaine ;
2° Période de l'ancien Droit français ;
3° Période moderne.

1° *Période Romaine*

PREMIÈRE PARTIE. — α. Préférence originaire des Romains pour les sûretés personnelles.

β. Causes de cette préférence,

α. Les sûretés personnelles sont en grand honneur dans les sociétés primitives et notamment dans la Rome ancienne. Jusqu'à la fin de la République et même pendant le Ier siècle de l'Empire, leur importance est bien supérieure à celle des sûretés réelles.

Les *sponsores* viennent le plus souvent confirmer les actes juridiques qui ont été conclus [1].

L'absence de *sponsores* dans une opération apparaît comme une anomalie.

Rappelons-nous l'anecdote de Macrobe (*Sat.* I, 6.), que nous avons citée plus haut, dans une autre fin. Ne fut-on pas choqué de la manière de procéder du premier Cornelius, qui arrivait au Forum avec une ânesse chargée des écus nécessaires aux opérations qu'il venait y traiter, sans être escorté suivant l'usage du temps de nombreux répondants ? Et cependant, comme dit Loysel : « argent comptant, paix et accord. »

Le cautionnement est un acte si fréquent que Cicéron écrit à Atticus (Liv. XII, L. XVII.), parlant d'un certain Cornificius, qu'il doute avoir cautionné : « *Mihi enim ante ædilitatem meam nihil erat cum Cornificio, potest tamen fieri, scire certum velim.* » Si nombreuses sont les personnes pour lesquelles on répond, que leur nom même peut échapper à la mémoire.

Non seulement les sûretés personnelles sont les plus nombreuses mais encore elles sont de la part des créanciers l'objet d'une préférence marquée. Le créancier n'accepte qu'avec réserves et, si j'ose ainsi dire, au pis aller, la dation d'un *pignus*, d'une garantie réelle. Plusieurs textes en font foi.

Caton (R. r. 146 à 148.), nous dit que celui qui vend la récolte pendante d'un champ d'oliviers ou

---

[1] Cf. Gauckler, p. 605, *loc. cit.*, Étude sur le *Vindex*.

d'une vigne, a pour gage « *ea quæ in fundo inlata erunt.* » C'est un cas de *pignus oppositum* [1]. Caton prend soin d'ajouter que cette garantie n'est que provisoire et que le débiteur devra fournir des cautions.

« *Donicum solutum erit aut ita satisdatum erit, quæ in fundo inlata erunt pignori sunto.* »

M. Lucas (*Revue générale de Droit*, année 1886.), a relevé deux autres textes qui ne s'expliqueraient pas, si le cautionnement n'était pas préféré aux sûretés réelles. L'un est d'un très ancien jurisconsulte, Scévola, l'autre, de Labéon.

La Loi 34-1 (Dig. XX-1), rapporte une lettre écrite par un débiteur à son créancier, dans laquelle il prie celui-ci d'accepter un gage au lieu d'une caution. « *Mutuatus a te denarios quingentos rogavi te ne fidejussorem a me, sed pignus acciperes.* »

Dans la Loi 14 (20-6.), il est fait mention d'un pacte intervenu entre un fermier et un *dominus* : « *Cum colono tibi convenit, ut invecta importata pignori essent, donec tibi satisfactum esset.* »

Cette préférence des Romains pour les sûretés personnelles apparaît dans la loi et l'édit du préteur, qui reflètent les mœurs romaines. Le préteur ordonne-t-il qu'une sûreté sera fournie, elle consiste invariablement non en un gage ou une hypothèque, mais en une *satisdatio* [1].

---

[1] Sur le *Pignus oppositum*, *vide* Cuq, p. 635.

[1] Voir dans l'article de M. Louis Lucas l'énumération des diverses hypothèses qui justifient cette proposition.

β. Causes de la fréquence des sûretés personnelles
et de la préférence qui leur est accordée.

Comment expliquer cette fréquence à Rome des
sûretés personnelles et la préférence qu'on leur accorde ?

On peut ramener à trois chefs principaux les causes
variées de l'attachement des Romains aux sûretés personnelles :

1° Organisation familiale ou gentilice ;
2° Nature et effets de l'obligation de garantie;
3° État économique de la Rome primitive et organisation défectueuse du crédit réel.

*1° Organisation familiale et gentilice. — Principe
de solidarité.*

Chez un peuple où l'individualisme, c'est-à-dire
le sentiment de l'intérêt personnel arrivé à l'état de
pleine conscience, a atteint son complet développement ; où la lutte pour la vie est devenue la loi du
monde économique par suite de la disparition de
la solide organisation de la famille qui protégeait
chacun de ses membres, le cautionnement n'est pas en
grand honneur. Cautionne et ta perte n'est pas loin :
« Ἐγγύη, παρὰ δ'ἄτη. » portait une inscription du temple
de Delphes, et cette inscription exprimait sans doute
un précepte de la sagesse antique des Grecs. (Platon-
Charmides.) Ausone, dans son poème des Sept sages
de la Grèce prête à Thalès les paroles suivantes :
« *Sponde, noxa præsto est.* » Chez un peuple adonné

au commerce ou à l'industrie, « chaque membre de la famille, dit M. Cuq (p. 67), peut, lorsqu'il se sent la force et l'expérience nécessaires, agir isolément suivant son inspiration et trouver de quoi satisfaire à ses besoins », chacun lutte avec ses seules forces et n'a cure d'assister autrui. Ἐγγύη, παρὰ δ'άτη.

A Rome, au contraire, le principe de solidarité se maintient longtemps, soit entre membre d'une même famille, soit entre membre d'une même *gens* qui n'est qu'une famille élargie. Entre agnats et *gentiles* existe un devoir mutuel d'assistance que nous avons étudié plus haut et qui se manifeste sous des formes variées. Tantôt l'agnat ou le *gentilis* garantit l'exécution d'une obligation (*vas, sponsor*), tantôt la restitution de l'objet du litige, lorsque la partie qui a reçu les *vindiciæ* succombe (*præs*). Le *vindex* permet au débiteur frappé de la *manus injectio* de contester la légitimité de la prise de corps (*sibi depellere manum*) ou garantit la comparution devant le magistrat d'un citoyen cité en justice.

Les faibles trouvent dans le devoir mutuel d'assistance une protection efficace ; les riches voient dans la facilité à réunir de nombreuses cautions une affirmation de leur honorabilité et de leur puissance.

Cet esprit de solidarité est bien naturel à une époque où le pouvoir central est encore faible et où le respect du droit de chacun ne peut être assuré que par l'union étroite des individus. Non seulement il se rencontre dans les associations primitives ou *gentes*, mais il a pénétré dans la plèbe, cette masse d'abord hétérogène, mais qui s'est organisée progressivement. Les plébéiens, qui ne font partie d'aucune *gens*, forment des associations de tribu, dont les membres sont tenus de se porter respectivement « *vindex* [1]. »

On rencontre à Rome de nombreuses associations à forme gentilice, dont les divers membres devaient être tenus d'une obligation mutuelle d'assistance. Ce sont les confréries religieuses (*sodalitates*) ou les corporations ouvrières (*collegia*), dont l'origine est très ancienne. Fondées sur l'union libre des volontés, ces associations de protection avaient de bonne heure atteint un développement considérable.

Voilà une cause importante de la fréquence chez les Romains des sûretés personnelles. Tout débiteur n'a pas un gage suffisant à offrir à son créancier, mais il a près de lui des parents, des *gentiles*, des citoyens de la même tribu qui sont tenus de l'assister dans le besoin et dont il sollicitera le concours. La base du crédit personnel est donc bien plus large que celle du crédit réel, en vertu du principe de solidarité.

2° *Nature et effets de l'obligation de garantie*

La seconde cause de la préférence des Romains pour les sûretés personnelles réside dans la nature et les effets de l'obligation de garantie.

Tout d'abord , le cautionnement constituant par

---

[1] *Vide* Gauckler, *Nouv. Rev. hist.*, 1889, p. 608.

essence une [1] déclaration d'honorabilité, une attestation de loyauté du débiteur principal, est bien propre à rassurer le créancier quelque défiant qu'il soit. Aussi les préteurs, lorsqu'ils accordaient certaines faveurs aux plaideurs, exigeaient en retour des cautions qu'il n'était pas possible de remplacer par des garanties réelles. « *Prætoriæ stipulationes personas desiderant pro se intervenientium, et neque pignoribus quis, neque pecuniæ vel auri, vel argenti depositione in vicem satisdationis fungitur.* » (Ulpien, fg. 7, *de stip. præt.*, 46-5). De la sorte, le magistrat privait des faveurs qu'il accordait aux honnêtes citoyens les personnes riches mais malfamées, dont personne n'aurait voulu attester l'honorabilité, tandis qu'il leur était facile de fournir des sûretés réelles [2].

En outre, les garanties personnelles devaient attirer les créanciers par l'énergie de leurs effets.

Le *vas* et le *præs* étaient traités comme le *nexus*

---

[1] Un fait curieux démontre que le cautionnement *(adpromissio)* constituait, à l'origine, avant tout une attestation de loyauté ; il intervient dans des hypothèses où l'intérêt en jeu paraît purement moral.

« *Istac lege, filiam tuam spondes mihi uxorem dari ?— Spondeo.— Et ego spondeo idem hoc.* » (Plaute. *Trinummus*, acte V, scène II.

[2] Aussi les créanciers recherchaient-ils chez les cautions moins la fortune que l'honorabilité. « *Nisi quod idonei non tam patrimonio quam fide quoque æstimarentur.* » (Texte cité par M. Cuénot, *loc. cit.*, en note. (Fgt. 112, § 6, *in fine*. D. 45-1.)

et soumis à la contrainte privée *(manus injectio* [1]).
Les *sponsores* étaient obligés comme de véritables
codébiteurs solidaires et aucun bénéfice ne tempérait
la rigueur de leur engagement. La loi Furia vint, il
est vrai, faire de la *sponsio* une sûreté bien précaire,
mais la création de la fidéjussion rendit au cautionnement l'énergie antique de ses effets.

Il ne faut pas oublier, d'ailleurs, les rapports qui
unissaient le débiteur à son garant. Le plus souvent
le *vas* ou le *sponsor* étaient membres de la même *gens*
que celui pour le compte duquel ils intervenaient. Le
véritable intéressé encourait, s'il laissait les voies
d'exécution se poursuivre contre la caution, le blâme
de ses *gentiles*, peut-être l'exclusion de la *gens*
(*egestas*). La sanction du tribunal domestique n'était
pas moins efficace. Le *sponsor* ou le *vas* étaient à
même de contraindre le débiteur à l'exécution de sa
promesse par une continuelle obsession [2]. L'énergie
du recours qui leur était accordé en cas de paiement
(*actio depensi* qui croissait au double, *manus injectio
pro judicato*) était une menace de nature à peser sur
la volonté du principal obligé. « Le débiteur principal
étant censé commettre un délit, l'action était pénale. »
(Gauckler, *loc. cit.*, p. 619.)

---

[1] Cicéron, *Phil.* II, 31, parle de *venditio prædis*.
Vadatus a le sens d'*obstrictus*.

[2] Des *vades* du Droit pénal on dit qu'ils épient, qu'ils
remplacent les chaînes (*vincula*). (Fgt. 3, § 7. D. 48, 21) ou
la surveillance des gardiens *(custodia)*. (Fgt. 28, § 1er. D. 4, 6
et Fgt. 1, 48, 3). Cuénot, *loc. cit.*, p. 350.

Grande était aussi l'influence des mœurs, de l'opinion publique. Laisser poursuivre ses cautions était de la part du débiteur une négligence honteuse. Cicéron, parlant de Dolabella qui, débiteur de la dot de Tullie, avait fourni des *sponsores*, s'exprime ainsi : « *Sed illi turpe arbitror eo nomine... procuratores non dissolvere.* » Il serait honteux pour Dolabella de refuser le paiement d'une dette garantie par des cautions.

Les sûretés personnelles étaient naturellement recherchées des créanciers pour l'énergie de leurs effets, mais l'état économique de Rome et l'organisation défectueuse du crédit réel n'étaient pas sans influence sur leur développement.

3° *État économique de la Rome primitive. — Organisation défectueuse du crédit réel.*

A l'origine, le peuple romain était formé par une réunion de familles adonnées presque exclusivement à l'agriculture. Les seules choses qui eussent de la valeur (*res mancipi*) étaient le sol et ce qui sert à la culture, esclaves, bêtes de trait ou de somme. Cet ensemble formait la *familia*. Le commerce étant peu développé, l'industrie encore dans l'enfance, les capitaux (*pecunia*) étaient rares. Quelle base le crédit réel aurait-il pu trouver? Le prêteur aurait-il consenti à recevoir en gage le triste outillage de l'artisan, le modique matériel aratoire du laboureur? Longtemps la propriété familiale de la terre resta inaliénable en fait. Jusqu'à la fin de la République, la vente de l'*heredium* fut considérée comme un déshonneur [1] ; c'est à la dernière extrémité que le débiteur s'y résigne, quand il est trop vivement pressé par ses créanciers. Il se gardait bien d'affecter l'*heredium* à la garantie des dettes contractées, offrant au capitaliste un gage précaire, quelques bestiaux ou une petite récolte.

Non seulement le crédit réel reposait sur une base étroite et fragile, mais ses procédés de réalisation étaient très imparfaits. L'aliénation fiduciaire et le *pignus* étaient seuls connus. L'hypothèque ne se développa qu'assez tard.

Sans doute la fiducie confère au créancier le droit de rétention ; l'aliénateur ne peut recouvrer sa chose qu'après paiement de la dette. (*Persoluto œre reluere*.) Le défaut de paiement autorise même le fiduciaire à vendre l'objet à lui affecté. Mais en revanche la situation de l'aliénateur est bien misérable. Longtemps la clause de fiducie n'eut aucune valeur juridique, le respect de la convention fut abandonné à la bonne foi de l'*accipiens*. L'*usureceptio* était pour le débiteur libéré un moyen très imparfait de recouvrer son bien. Et plus tard même, quand la fiducie eut été élevée à la dignité de contrat, l'aliénateur réduit à une simple action personnelle (*actio fiduciæ directa*), se vit opposer valablement, comme auparavant, les droits

---

[1] *Vide* Cuq, p. 82 et 83.

réels constitués par l'acquéreur sur l'objet du gage,
et ne put faire valoir dans la *bonorum venditio* que
les droits d'un créancier chirographaire. De plus, la
fiducie enlevait à l'aliénateur l'usage de sa chose; le
créancier, de crainte de voir sa sûreté s'évanouir par
le fait de son débiteur, n'était pas toujours disposé à
constituer un précaire au profit de celui-ci [1].

Le *pignus* était de même un moyen bien imparfait
de garantie. Le créancier n'avait aucune voie de droit
pour recouvrer la possession perdue. Longtemps d'ailleurs le gage resta en dehors de la sphère du Droit;
le débiteur peu scrupuleux resté propriétaire pouvait
revendiquer sa chose. Quoi de plus naturel dès lors
que la préférence des Romains pour les sûretés personnelles, alors que les sûretés réelles étaient si précaires !

Cette préférence des Romains persista incontestablement jusqu'à la fin de la République. Sans doute
le lien gentilice tendit de bonne heure à se relâcher,
mais la famille resta longtemps l'unité compacte et
solide que nous avons trouvée à l'origine, parce que
l'agriculture exige l'union des individus et même la
hiérarchie dans la coopération [2]. Au temps d'Horace,
le devoir de cautionner ses proches, ses amis a conservé

---

[1] La fiducie comme le gage épuise tout le crédit que le
débiteur peut tirer d'une chose; l'hypothèque au contraire
permet d'affecter un même objet à la garantie de plusieurs
dettes.

[2] *Vide* Cuq, p. 67.

son caractère impérieux. On ne peut se laisser devancer par autrui dans cet *officium*.

> » Eia
> ne prior quisquam officio respondeat, urge
> ire necesse est. »

Cependant on voit apparaître, dans quelques textes postérieurs du Ier et du IIme siècles de l'ère chrétienne, les marques d'une faveur plus grande pour les sûretés réelles.

DEUXIÈME PARTIE. — Les sûretés personnelles et réelles sont également en honneur.

Martial s'adresse en ces termes à son ami Thelesinus (Epig. XII-25) :

> » Quum rogo te nummos sine pignore, non habeo, inquis.
> « Idem, si pro me spondet agellus, habes.
> « Quod mihi non credis veteri, Thelesine, sodali,
> « Credis colliculis arboribusque meis. »

Sextus Pomponius, qui vivait sous le règne d'Antonin-le-Pieux et de Marc-Aurèle, dit de même : « *Plus est cautionis in re quam in persona.*» (Fg. 25, *de div. reg. juris*, 50-17.) Mieux vaut une garantie réelle qu'une sûreté personnelle.

Recherchons les causes de ce changement. On peut les réduire à deux principales :

Changement dans l'état économique et l'organisation de la société ;

Atténuation des effets rigoureux du cautionnement coïncidant avec le perfectionnement des procédés de crédit réel.

1° *Changement dans l'état économique.*

Tout d'abord, la *gens* est dissociée. La propriété individuelle se substitue à la propriété de famille. Les devoirs mutuels d'assistance, source féconde de garanties personnelles, perdent de leur ancienne énergie. Il arrivera souvent que les sûretés réelles seront plus aisément fournies par les débiteurs. La fortune publique s'est accrue ; par l'industrie et le commerce les capitaux ont été multipliés. Ce n'est plus comme autrefois le triste matériel de l'artisan et du laboureur qui sera offert en gage au créancier ; mais bien plutôt des objets précieux. Désormais le crédit réel repose sur une base large et solide,

2° *Atténuation des effets du cautionnement. Perfectionnement du crédit réel.*

En même temps, la situation du fidéjusseur s'améliorait, en se séparant progressivement de celle du codébiteur solidaire. Le bénéfice de division était introduit par un rescrit d'Adrien. Si on se rappelle, en outre, l'effet extinctif absolu de la *litis contestatio* que ne compensait plus la rigueur de l'obligation du fidéjusseur, on comprend aisément que l'infériorité primitive des sûretés réelles devait tendre à disparaître. La fidéjussion n'était plus, d'ailleurs, cette attestation de loyauté, qui rassurait autrefois le créancier ; l'élément pécuniaire du cautionnement avait absorbé l'élément moral.

Or, quand on analyse la notion de sûreté réelle, on

ne tarde pas à découvrir qu'à certains égards la sûreté réelle est plus avantageuse que la · garantie personnelle. Sans doute, le gage est limité, mais l'affectation est plus complète et moins caduque. Normalement, les sûretés réelles confèrent le double droit de préférence et de suite. Au contraire, dans le patrimoine de la caution, le créancier, en cas de déconfiture, doit subir la loi du concours ; et contre les aliénations consenties par le fidéjusseur, il n'a que la protection trop souvent illusoire de l'action paulienne.

Le domaine des sûretés réelles était donc destiné à s'étendre, quand le perfectionnement des ⎸procédés de garantie vint favoriser ce développement. Le gage était devenu un contrat valable *jure civili*, sanctionné par deux actions de bonne foi. L'une,⎸ l'action *pigneratitia directa*, donnait au débiteur un moyen plus simple que la revendication pour recouvrer sa chose après paiement ; l'autre (*contraria*) indemnisait le créancier de ses impenses. Venait-il à perdre la possession, le créancier trouvait dans les interdits une action efficace. Le *pignus* conférait le droit de vendre.

Dans l'intervalle l'hypothèque s'était introduite : dès le IIme siècle, elle attire l'attention des jurisconsultes. Supérieure au point de vue économique au *pignus*, elle ne tarda pas à se répandre. Elle conférait au créancier le triple droit de préférence, de suite et de vente, et pouvait s'établir tant sur les meubles que sur les immeubles. Créée par un simple pacte, elle n'enlevait au débiteur ni la propriété de sa chose, ni la possession, ni même la simple détention.

Lorsque ces changements se furent produits dans l'ordre économique, les sûretés personnelles et réelles furent également en honneur. Il ne faudrait pas exagérer la portée du texte de Pomponius qui se présente avec les caractères d'une déclaration théorique. La preuve de l'importance persistante des formes de crédit personnel résulte de plusieurs faits.

CAUSES DE L'IMPORTANCE PERSISTANTE DES SURETÉS PERSONNELLES.

Je n'entends pas seulement parler de l'influence de la tradition si grande dans le peuple romain, de cet esprit conservateur qui lui faisait respecter pieusement les legs du passé, ni de la multiplicité des *satisdationes* prétoriennes ou légales.

La persistance des sûretés personnelles trouve son explication naturelle dans les formes perfectionnées qu'elles revêtirent, ainsi que dans les inconvénients que présentait le crédit réel dans sa dernière manifestation, l'hypothèque.

Pour lutter efficacement contre les sûretés réelles, le cautionnement revêtit des formes nouvelles. Le *mandatum credendæ pecuniæ*, dégagé des entraves du formalisme, partant plus souple, plus équitable que la fidéjussion, permit au créancier, en l'armant d'une double action, d'éviter l'effet si funeste de la *litis contestatio* en matière de fidéjussion. Le pacte de constitut se prêtait mieux que les sûretés réelles aux exigences du commerce, où il faut assurer la promptitude et l'intégralité des paiements. L'engagement personnel, pris par un *argentarius*, de payer à jour fixe, évitait les lenteurs de la réalisation d'un gage.

N'avons-nous pas noté l'apparition, qui suivit de très près la loi Cornelia, des *correi non socii*, dont l'obligation rigoureuse était de nature à rassurer les créanciers les plus difficiles ? Ainsi, les garanties personnelles, grâce aux perfectionnements dont elles étaient l'objet, conservaient dans le milieu nouveau une importance considérable.

D'ailleurs, le crédit réel, même sous sa forme dernière, était affecté à Rome d'un vice trop grave, pour que son domaine d'application pût s'étendre au grand détriment des garanties personnelles.

Les Romains ignorèrent les deux grands principes sans lesquels l'hypothèque ne repose que sur une base fragile : la publicité et la spécialité.

Non seulement les mutations de propriété, mais encore les constitutions d'hypothèques étaient clandestines, de telle sorte que le créancier ne pouvait savoir avec quelque certitude, ni si le gage qu'on lui offrait était la propriété du constituant, ni s'il était grevé d'hypothèques antérieures qui primeraient celle qu'on allait lui consentir. La publicité primitive des Grecs, qui consistait à placer sur le fonds grevé un poteau indiquant l'existence des hypothèques et le montant des créances garanties, n'était pas même pratiquée chez les Romains. Le créancier, toujours exposé à voir s'évanouir la garantie sur laquelle il avait compté, devait s'en rapporter uniquement à la bonne foi d'un débiteur trop souvent intéressé à le tromper. Nous avons une preuve directe de ce fait dans la Loi 34, § Ier au *Digeste* (XX-1), qui nous révèle également l'hésitation naturelle que devaient éprouver les prêteurs, quand on leur proposait d'accepter une sûreté réelle.

« *Mutuatus a te denarios quingentos rogavi te, ne fidejussorem a me sed pignus acciperes [probe enim nosti tabernam servosque meos nulli nisi tibi obligatos esse] et ut honesti viri fidem secutus es.* »

Le principe de la spécialité de l'hypothèque n'était pas en vigueur à Rome, de sorte que les créanciers ne pouvaient pas mesurer avec précision le crédit de leurs débiteurs dont les biens pouvaient être grevés dans leur généralité.

Voilà deux inconvénients graves du système hypothécaire romain et qui durent en arrêter l'expansion.

CONCLUSION A TIRER DE L'ÉTUDE DE LA PÉRIODE ROMAINE

A l'origine, les sûretés personnelles étaient en grand honneur chez les Romains. Plusieurs causes les faisaient préférer aux garanties réelles : l'organisation familiale, gentilice ou de tribu, fondée sur le principe de solidarité ou devoir mutuel d'assistance; la rigueur de l'obligation des cautions qui venaient attester la loyauté du débiteur principal, et enfin les imperfections de la fiducie et du *pignus*.

Cette préférence, des Romains pour les sûretés personnelles ne disparut jamais, quoi qu'elle se soit atténuée à partir de la fin du Ier siècle de l'ère chrétienne. C'est ainsi que nous interprétons le texte de Pomponius dont la portée nous paraît théorique. Les inconvénients du système hypothécaire romain étaient trop graves pour que les créanciers aient jamais pu donner le pas aux sûretés réelles sur les garanties personnelles, dont la libre convention des parties pouvait régler l'énergie suivant les exigences variées de la vie civile ou commerciale.

2° Période de l'ancien Droit français.

CHAPITRE PREMIER

La fréquence des sûretés personnelles n'est pas un caractère propre à la civilisation romaine; elle se retrouve et pour des causes semblables à l'époque franque et pendant la première partie du Moyen Age [1]. Recherchons les causes de ce fait historique.

L'analyse peut les ramener à trois:

1° Principe de solidarité dans la famille et dans l'organisation féodale et corporative;

2° Effets rigoureux de l'obligation du fidéjusseur et du plège: valeur morale du cautionnement;

3° Base étroite, imperfection du crédit réel.

1° *Principe de solidarité.*

Longtemps après les invasions, la famille conserva des vestiges de l'ancienne organisation germanique.

---

[1] *Vide* en ce sens Troplong, *Cautionnement*, N° 14.

La solidarité primitive d'obligation se perpétua sous la forme atténuée d'un devoir mutuel d'assistance entre parents. C'était là une source abondante d'obligations de garantie.

Plus tard, quand le régime féodal se fut établi, le devoir de cautionner le suzerain découla normalement pour les vassaux du contrat de fief[1].

Enfin, le principe de solidarité apparaît à la même époque dans les associations de métier. La loi étant impuissante à protéger les individus, ils étaient forcés de s'unir pour se défendre et s'assister dans le besoin. Les corporations avaient un trésor commun qui se composait des contributions et qui répondait des dettes des membres de la corporation; car souvent il y avait solidarité entre les associés.

Ce principe de solidarité qui se manifestait sous des formes si variées, devait élargir singulièrement le domaine des garanties personnelles.

2° Caractères de l'obligation de la caution.

Le fidéjusseur des lois barbares est tenu d'une obligation rigoureuse. Exposé à la saisie privée, il ne jouit ni du bénéfice de division, ni du bénéfice de discussion. Telle est la situation du plège au Moyen Age, sauf quelques légères différences. Souvent les

---

[1] Le droit de pleigerie était même réciproque. (Tartari, thèse, p. 160). *Vide eodem loco* la sanction sévère de cette obligation réciproque du vassal et du suzerain.

17

cautions s'engagent à tenir prison à toute requête du
créancier, et ce mode de plègerie était si fréquent
qu'il reçut un nom particulier, l'ostage (*ostagium*).

Le recours énergique du fidéjusseur ou du plège
contre celui dont il a payé la dette, la position respective du garant et du garanti agissent sur la volonté
du débiteur principal comme de puissants moyens de
contrainte.

Au reste, il en est de la plègerie comme de la
sponsio romaine, elle porte en soi une attestation
de loyauté qui la rend précieuse pour le créancier.
Comme dit le *Grand Coutumier de Normandie*
(p. 25, édition de Gruchy.) : « Plèvine est autant
comme promesse de loyauté, car celuy qui plège
aucun promet que cil fera loyaulment ce de quoy il le
plège. » A ce titre, elle vaut mieux qu'un gage.

3° *Base étroite du crédit réel.*

Pendant notre période, les meubles furent longtemps le seul gage des créanciers, les immeubles y
étaient soustraits. Cet état économique se manifeste
dans la loi Salique, où les immeubles du débiteur sont
traités comme insaisissables, et la même règle résulte
du silence des autres lois barbares qui se préoccu-
pent uniquement de la saisie mobilière. D'après
M. Esmein [1] la législation des capitulaires ne connut

---

[1] P. 159 de son Étude sur les contrats dans le très ancien
Droit français.

pas même, à proprement parler, la saisie des immeubles et dans le premier état de notre Droit coutumier le principe ancien règne encore [1]. Comme à l'origine les immeubles étaient hors du gage des créanciers, une affectation de ces biens au paiement d'une dette déterminée ne pouvait se comprendre, car elle eût impliqué une aliénation éventuelle.

C'est donc seulement, quand l'aliénation volontaire des immeubles eut pénétré dans la pratique, que l'affectation de l'un de ces biens à la sûreté d'un créancier fut possible et se réalisa par des procédés d'abord imparfaits.

A l'époque franque, voici la combinaison que l'on rencontre. Le créancier est mis en possession de la terre, dont il perçoit les fruits, sans les imputer sur la dette; non payé au terme fixé, il devient propriétaire de la chose donnée en gage [2].

Des *cautiones* procèdent le vif et le mort gages ainsi définis par Loysel : « Vif gage est qui s'acquitte de ses issues, mort gage qui de rien ne s'acquitte. » Voici en quoi consistent ces deux formes du nantissement immobilier (engagement) :

Dans le vif gage, les revenus de l'immeuble affecté s'imputent sur la dette jusqu'à complète extinction; au contraire, le créancier investi d'un mort gage

---

[1] P. 160, *loc. cit.*, et explication tirée du lien indissoluble qui rattache l'homme à la terre d'après la conception féodale.

[2] Sur ces *cautiones*, *vide* Esmein, p. 159, *loc. cit.*

profite des fruits sans imputation [1]. Le mort gage, en
privant le débiteur de la jouissance de sa chose, le
contraignait indirectement à payer.

Le crédit réel mobilier n'avait encore reçu qu'une
organisation rudimentaire.

À vrai dire, les gages mobiliers étaient plus souvent
offerts en garantie [2]. Le prêt sur gage était surtout
pratiqué par les Juifs, qui faisaient presque seuls le
commerce d'argent. Les objets affectés consistaient
généralement en instruments de labour, outils de
l'artisan, récoltes, bestiaux. Mais à une époque où
la fortune mobilière était encore peu développée, le
crédit réel mobilier n'avait qu'un domaine restreint
et, d'ailleurs, les rois de France (Philippe-Auguste,
Saint Louis, Louis X le Hutin) avaient, pour réprimer
les abus qui s'étaient révélés, entouré d'une réglementation
rigoureuse la constitution de gage.

Cet examen comparé du rôle des sûretés personnelles
et des sûretés réelles nous autorise, ce nous semble, à
affirmer que les garanties personnelles ont occupé
longtemps une place plus importante. Mais plusieurs
causes dont l'influence ne tarda pas à s'exercer tendirent
à accroître l'importance des sûretés réelles.

S'il faut en croire Loysel, dans ses *Institutes
coutumières*, nous devons dire avec Pomponius :

---

[1] Loysel, N° 484, liv. III, t. VII et la note.

[2] Le gage conférait au créancier le droit de rétention
jusqu'à l'échéance et, à défaut de paiement, le droit de
vendre et parfois de s'approprier la chose engagée.

« *Plus est cautionis in re quam in persona.* »
Loysel s'exprime à deux reprises en termes piquants :

(N° 670). De foi, fi ; de pleige, plaid ; de gage, reconfort ; d'argent comptant, paix et accord.

(N° 486). Pleige plaide, gage rend, et bailler caution est occasion de double procès.

Mieux vaut gaige en arche que pleige en place.

Quelles sont les causes de ce changement ? Quelle en est la portée ? Voilà ce qu'il nous faut maintenant rechercher.

CHAPITRE DEUXIÈME

CHANGEMENTS DANS L'ÉTAT ÉCONOMIQUE. — IMPORTANCE CROISSANTE DES SURETÉS RÉELLES.

On expliquera aisément les progrès des sûretés réelles pendant la seconde partie du Moyen Age, si on réfléchit aux modifications qui s'étaient produites dans l'état économique.

Nous étudierons successivement :

1° Les causes du changement ;

2° L'importance du changement.

1° *Causes du changement*

Les caractères de la plégerie ancienne tendent à disparaître. Sous l'influence du Droit romain les bénéfices de division et de discussion s'introduisent au profit des cautions, au grand détriment des créanciers ; dès la fin du XVme siècle ce changement est à peu près achevé.

D'autre part, le cautionnement perd peu à peu son ancienne valeur morale ; il cesse d'être une attestation de loyauté, pour ne plus constituer qu'un engagement pécuniaire accessoire. La plègerie dette remplace la simple plévine. Les créanciers ne trouvent donc plus dans le cautionnement une garantie aussi efficace.

Les sources de l'obligation mutuelle de garantie sont bien près de tarir. Le vieux principe de la solidarité familiale s'est atténué progressivement. Les liens qui rattachent le vassal au suzerain se sont également relâchés. Le débiteur aura plus de peine à trouver des garants qu'à se procurer un gage.

Dans l'intervalle les procédés de crédit réel se sont perfectionnés. Au XVIme et au XVIIme siècles, on en trouve deux bien distincts : l'hypothèque et le gage.

Dès l'époque de Beaumanoir et de Bouteiller, les débiteurs prirent l'habitude d'affecter leurs immeubles au paiement des dettes qu'ils contractaient. Cette affectation, générale ou particulière, se produisait sous la forme de l'obligation (clause obligatoire). L'affectation spéciale, conçue à l'image de l'hypothèque romaine, procure au créancier un double avantage. Elle lui confère le droit de suite (Beaumanoir, 70, § 11, 54, § 5) et le droit de préférence [1]. L'obligation grève l'immeuble d'un véritable droit réel.

Sous l'influence du Droit romain, l'obligation tendit à se fondre avec l'hypothèque. On attribua

---

[1] *Vide* Bouteiller, *Somme rurale,* texte cité par M. Esmein, p. 186, *loc. cit.*

aux obligations générales la même énergie qu'à l'affectation spéciale. Tous les immeubles réels ou fictifs, susceptibles d'être réalisés, purent faire l'objet d'une constitution d'hypothèque.

Mais quant aux biens meubles, le mode normal de les offrir en garantie était le gage, fondé sur la remise réelle de la possession.

D'après le Droit commun coutumier, meubles n'ont pas de suite par hypothèque [1], traduisez, ne sont pas susceptibles d'hypothèque.

Le gage confère au créancier le droit de rétention jusqu'au paiement, qui est ainsi assuré indirectement (gage rend) et un privilège. (Maxime 688 de Loysel, maxime 490, *eodem loco*.)

Cette courte étude des perfectionnements apportés au système des garanties réelles nous a révélé les causes de leur développement. Quelle en fut l'importance?

2° *Importance du changement.*

Il est tout d'abord certain que le prêt sur gage mobilier devint plus fréquent, à tel point que le législateur dut intervenir pour réglementer les conditions d'acquisition du privilège du créancier gagiste, qui favorisait les fraudes au détriment de la masse en cas de faillite du débiteur [2]. L'ordonnance de 1673 déclara que le créancier n'aurait de privilège sur le

---

[1] Loysel, formule 487.

[2] Je ne parle pas ici de la création de nombreux établissements de prêt sur gage.

gage, que s'il y avait acte passé devant notaire, indiquant la somme prêtée et les objets donnés en garantie.
Les progrès du nantissement mobilier étaient la
conséquence naturelle du développement du commerce et de l'industrie qui avait beaucoup accru
l'élément mobilier des patrimoines.

Le crédit réel immobilier était bien moins avantageux pour le créancier. Le système hypothécaire de
notre ancien droit était, comme le régime romain,
affecté de deux vices très graves et qui rendaient toute
garantie précaire et incertaine, je veux dire l'absence
de publicité et de spécialité. A l'exception de quelques
coutumes du Nord (coutume de nantissement), nos
anciens pays coutumiers n'avaient organisé aucun
régime de publicité des transmissions de propriété
immobilière ou des constitutions d'hypothèque, de
telle sorte que les créanciers devaient s'en remettre à
la bonne foi du débiteur sur le point de savoir si
l'immeuble qu'on leur offrait était bien la propriété
du constituant, ou n'était pas grevé d'hypothèques
antérieures. La spécialité n'était pas davantage pratiquée, et nul n'ignore que toute obligation constatée
par acte notarié emportait par elle-même hypothèque
générale sur les biens du promettant. En vain des
édits royaux de 1581, 1606, 1673 tentèrent d'orga-
niser la publicité hypothécaire, en établissant des
registres à ce destinés; les louables efforts de la
royauté échouèrent en présence de l'opposition des
intérêts coalisés. La clandestinité se maintint jusqu'à
la Révolution. Ainsi le crédit réel immobilier reposait

sur une base chancelante, et le vice dont il était
affecté dut restreindre son développement.

Si on se demande, pour conclure, quelle fut pendant
le seconde partie de notre période l'importance comparée des sûretés personnelles et des sûretés réelles, on
peut dire qu'en dépit de la formule générale et dogmatique de Loysel, le rôle de ces deux variétés de garantie
fut à peu près égal. Les imperfections du crédit réel
immobilier devaient souvent détourner les créanciers
des hypothèques et, d'autre part, les valeurs mobilières
n'étaient pas encore assez développées pour suffire
aux exigences des affaires. En matière civile, on ne
tarda pas à imposer aux cautions la renonciation aux
divers bénéfices, et cette renonciation était le droit
commun en matière commerciale. La forme solidaire
constituait, surtout entre négociants, un instrument de
crédit perfectionné. Le commerce se prête mal aux
lenteurs qu'exige la réalisation du gage hypothécaire.
Pour ce qui est du nantissement mobilier, il n'était
pas encore très usité, quoique son importance se fût
accrue. C'était une idée encore très répandue en 1807,
lors de la rédaction du Code de Commerce « que les
commerçants qui empruntent sur gage se trouvent
dans une situation gênée, voisine de la ruine [1]. » Au
reste, les avances sur titre étaient rares, et l'industrie
ne devançant guère les besoins de la consommation
ne tenait pas en réserve de nombreux produits manufacturés, qu'elle dut utiliser comme capitaux, afin

---

[1] Lyon-Caen, t. III, p. 186, *Traité de Droit commercial.*

de se procurer l'argent nécessaire pour continuer la production.

CONCLUSION GÉNÉRALE TIRÉE DE L'ÉTUDE DE LA SECONDE PÉRIODE

Nos conclusions touchant cette seconde période ressemblent fort à celles que l'étude de la législation romaine nous a suggérées.

Au début, prééminence marquée des garanties personnelles, découlant de la solidarité familiale, qui fait du cautionnement un devoir mutuel entre membres d'un même groupe et imprime à l'obligation de garantie un caractère énergique et, d'autre part, de l'imperfection du crédit réel.

Puis le rôle de celui-ci va grandissant, à mesure que la solidarité familiale s'atténue et que les modes de garantie réelle s'améliorent. Mais la clandestinité des translations de propriété et des constitutions d'hypothèque, le nombre encore restreint des valeurs mobilières et surtout l'introduction du cautionnement solidaire favorisée par les besoins du commerce laissent aux sûretés personnelles un vaste champ d'application. On ne peut, sans exagération, si on prétend énoncer une vérité historique et non une formule dogmatique, dire avec Loysel : « Mieux vaut une sûreté réelle qu'une sûreté personnelle. »

3° *Période moderne*

***

> « Nous sommes tous membres
> d'un même corps. »
> (S¹-Paul, ép. aux Gal, VI-2).
>
> « Nous sommes comme errants
> dans une impasse obscure où
> nous cherchons vainement une
> issue : nous voyons une porte
> sur laquelle il y a écrit : Coopé-
> ration, et à travers laquelle nous
> voyons filtrer un rayon de lu-
> mière et d'espérance. »
> (Gide).

***

ROLE ACTUEL ET AVENIR DES SÛRETÉS PERSONNELLES

***

De la solidarité envisagée comme base du crédit populaire et agricole

***

Depuis la Révolution, les procédés de crédit réel se sont bien perfectionnés. Tout d'abord, la spécialité et la publicité ont été introduites dans notre système hypothécaire, assurant au créancier un gage certain et déterminé. De nos jours, la publicité tend à s'améliorer et à combler ses lacunes ; on propose d'établir en France des registres fonciers, analogues au *grund-buch* allemand et dans lesquels chaque immeuble aura son compte propre.

D'autre part, afin de favoriser le développement des prêts hypothécaires, les praticiens ont imaginé de donner aux actes constitutifs d'hypothèque la forme de titre à ordre, pour que le transfert des créances puisse s'opérer par la voie rapide de l'endossement [1]. Grâce à cette ingénieuse combinaison, les créances hypothécaires peuvent circuler comme des effets de commerce, et le créancier recouvre les sommes qu'il a prêtées, sans avoir à subir les lenteurs de la procédure de saisie immobilière. (Cf. Acte Torrens, Handfesten de Brême, etc.)

De vastes sociétés de crédit foncier se sont formées et, par d'habiles procédés, elles facilitent le remboursement des sommes empruntées. La dette s'amortit insensiblement par le paiement d'annuités comprenant à la fois les intérêts et le capital.

Nous avons déjà montré le développement considérable du nantissement mobilier. Surtout en matière commerciale, les modes de constitution et de réalisation du gage ont été simplifiés. L'importance croissante des valeurs mobilières a élargi la base du crédit réel.

Est-ce à dire que le rôle des garanties personnelles tende à diminuer? Une telle conclusion serait évidemment erronée et contredite par les faits. Les sûretés personnelles ont conservé leur importance ancienne;

---

[1] Sur ce point, consultez Challamel, *De la cession des créances hypothécaires*, et Beudant, note. (Dalloz, 1878, 1-241; Cf. Art. 12, Loi du 10 Décembre 1874).

en aggravant l'énergie de leurs effets. La fidéjussion
se dépouillant de son caractère accessoire paraît devoir
se confondre avec la solidarité. D'autre part, les
garanties personnelles, grâce à la souplesse de leurs
formes, sont plus aptes à se plier aux besoins variés
qui se manifestent. La solidarité n'est pas seulement
le type de sûreté le plus usité en matière commerciale ;
elle est proposée par une école d'économistes (école
de la coopération) comme base du crédit agricole et
populaire. C'est sous ce double aspect que nous envi-
sagerons le rôle actuel des garanties personnelles et
sans doute nous pourrons conclure de cet examen
que ce rôle, loin de se restreindre, s'est bien plutôt
élargi.

α. Fonction commerciale ou industrielle de la solidarité

On ne saurait nier que, dans le domaine de la
grande industrie et du commerce, la solidarité ne
soit une forme perfectionnée de garantie et ne donne
au crédit le plus d'ampleur possible. Le crédit de chacun
des coobligés est en quelque sorte multiplié par leur
nombre (sociétés en nom collectif, engagement des
commandités). A l'emploi de la solidarité toutes les
parties trouvent leur compte. Le créancier y gagne
d'éviter les lenteurs de la constitution et de la réalisation du gage hypothécaire. Le paiement sera immédiat

et intégral. Si la dette garantie par la solidarité a
revêtu la forme de titre à ordre, le créancier pourra
très aisément recourir à l'escompte et toucher par
anticipation les sommes qui lui sont dues. Au contraire
l'adaptation aux créances hypothécaires des titres
à ordre se concilie difficilement avec l'organisation
de la procédure de purge (notification).

Le débiteur, d'autre part, trouvera dans la solidarité
(solidarité pure ou cautionnement solidaire) un mode
de crédit moins onéreux que l'hypothèque ; il n'aura
à supporter ni frais de constitution ou d'inscription, ni
frais de radiation. D'ailleurs les commerçants ne
recourent, que s'ils y sont contraints, aux garanties
réelles immobilières, qui frappent en quelque sorte
leur patrimoine d'indisponibilité, au grand détriment
de leur crédit.

β. De la solidarité envisagée comme base du crédit agricole et populaire

---

Il est une autre cause non moins importante qui a
favorisé le développement des garanties personnelles.
Une école d'économistes a proposé la solidarité comme
base du crédit agricole (celui qui a pour but de procurer aux cultivateurs le fonds de roulement nécessaire pour les dépenses courantes de l'exploitation) et
populaire. Un seul artisan, un seul cultivateur ne
peut offrir à un prêteur des garanties suffisantes ; mais

si les artisans ou les cultivateurs se réunissent par les liens d'une responsabilité solidaire, « ils présenteront une grande surface et pourront facilement trouver du crédit sans passer par les mains des usuriers. » (Gide, p. 335). L'emploi de la solidarité procurera à ceux qui y recourent un double avantage, celui d'obtenir des capitaux qu'on leur eût sans doute refusés et celui de les emprunter à un taux modéré [1].

L'usage de la solidarité peut se produire sous deux formes.

Tantôt les membres d'une collectivité, qui travaillent à une œuvre commune, offrent à un capitaliste la garantie de leur obligation solidaire, pour obtenir de lui l'argent nécessaire à leur entreprise.

Tantôt des particuliers s'associent, pour se procurer les sommes dont ils ont besoin pour leurs œuvres individuelles et ils forment une société coopérative de crédit [2].

Au premier usage de la solidarité se rattachent les institutions de crédit populaire et agricole de l'Écosse et de la Suède ; le second usage trouve son expression dans les sociétés coopératives de crédit allemandes ou italiennes. (Système Schulze Delitzsch et Raiffeisen).

---

[1] Sur les avantages du crédit mutuel, *vide* Leone Wollemborg, *Réforme sociale*, année 1889, t. II, p. 260 et 261.

[2] On peut supposer également qu'une personne seule intéressée à une affaire réclame la garantie solidaire de plusieurs autres.

1° *Système écossais et suédois*

Les banques d'Écosse et de Suède diffèrent peu de nos grandes sociétés de crédit, mais elles ont su trouver un procédé sûr et facile pour mettre les puissantes ressources dont elles disposent à la portée du petit commerce, de la petite industrie et de l'agriculture.

« Elles attirent les capitaux flottants par l'appât d'un intérêt relativement élevé, et les consolident dans leurs caisses en ne les rémunérant que s'ils y restent au moins un mois, et en n'admettant que le retrait intégral des dépôts. » (*Revue économique et financière* du 13 Janvier 1894, article de M. Pierre des Essars.)

Les prêts se font par compte courant et avec l'obligation solidaire de deux personnes qui interviennent pour l'emprunteur. Dans ce système d'avances sur compte courant[1] avec garantie de cautions solidaires, le papier de commerce n'est pas employé. Aussi les coobligés, d'ordinaire ignorants de la pratique des affaires, n'ont-ils pas à redouter les frais et les rigueurs d'exécution que le retard dans le paiement des effets de commerce entraîne nécessairement.

Grâce à cette organisation du crédit, l'Écosse donne, dans ses parties cultivables, des produits supérieurs à ceux de l'Italie (*loc. cit.*, *Revue*) et voit

---

[1] (*Cash credit*). Ces banques sont très anciennes. La première remonte à 1695. (M. Fournier de Flaix, *Réforme sociale*, 1889, 2-50.)

son activité commerciale et industrielle s'accroître rapidement.

Les banques suédoises (*Enskilda bank*) sont calquées sur les banques d'Écosse et procèdent de même.

En 1891, 76 millions étaient affectés par elles aux prêts par compte courant avec garantie de cautions solidaires. (*Kassa creditif.*)

Ces banques suédoises et écossaises ont fait pénétrer le crédit dans les dernières couches de la population. Ce qu'elles présentent de particulièrement curieux, c'est qu'elles ne sont pas, dans le sens strict du mot, des banques populaires et agricoles. « Leur champ d'application, dit M. des Essars, embrasse à la fois les grandes affaires et les petites entreprises ; le plus gros commerçant de Glascow est leur client comme le plus modeste boutiquier d'un village ; pour elles, il y a le crédit sans épithète et c'est ce qui fait leur succès. » Ne pourrait-on pas songer à introduire en France le système de crédit, qui, appliqué à la petite agriculture et à la petite industrie, a produit en Écosse et en Suède de si heureux résultats ?

2° *Système Schulze Delitzch et Raiffeisen* [1]

C'est en Allemagne et en Italie que nous trouvons le véritable type de la banque coopérative exclusivement consacrée au crédit populaire et agricole. Leur

---

[1] *Vide* sur cette matière Paul Leroy-Beaulieu, *Revue des Deux-Mondes* du 1er Novembre et du 1er Décembre 1893.— G. François, *Rev. éc. pol.*, 1893, p. 1012 et sq.

création est due à deux hommes de bien, Schulze Delitzch et Raiffeisen [1].

Les banques allemandes reposent sur le principe de la solidarité, solidarité de tous les associés à l'égard des créanciers de la banque, solidarité de deux associés à l'égard de celle-ci, quand elle a consenti un prêt [2].

Dans le système Schulze les banques populaires sont de véritables sociétés coopératives de crédit, qui ne font de prêts qu'aux associés. Pour être admis comme membre, il faut être agréé par le conseil d'administration, verser un droit d'entrée qui varie de 3 à 10 marks (mark = 1 fr. 25) et souscrire à une ou plusieurs parts sociales, dont le mode de versement est réglé par les statuts. La direction est confiée à un conseil de neuf membres, nommés pour trois ans et renouvelables par tiers. Le conseil choisit parmi les associés le comité directeur.

Les ressources des banques populaires Schulze Delitzch sont variées ; elles se composent :

1° De la réserve sociale formée du capital social, du droit d'entrée payé par chacun des nouveaux membres et des cotisations annuelles ;

---

[1] Des deux formes citées on peut rapprocher les *Banche popolari* de Vigano et Luzzati, combinaisons des deux systèmes. (Cf. Les Caisses rurales de Wollemborg, *Réf. sociale*, 1889, 2-260 et sq.)

[2] « La solidarité absolue des membres, suivant une image ingénieuse de M. Wollemborg, voilà l'épine dorsale de l'institution. »

2° Des dépôts en compte courant des sociétaires ;

3° Des prêts faits à la société coopérative de crédit par les particuliers et par les banques.

Les sociétés du type Schulze Delitzch trouvent aisément des prêteurs, car elles offrent des garanties sérieuses et étendues. En effet, chacun des associés est, en cas de déconfiture de la société, personnellement et indéfiniment responsable à l'égard de la masse. Tous sont réunis par les liens de la solidarité passive.

Voici le tableau exact des moyens d'action dont disposaient, en 1891, les 1,076 sociétés, qui ont rendu compte de leurs opérations :

Capital........... Marks. 114.484.505 = 20 %
Réserves......... — 29.474.032 = 5 —
Prêts des banques .. — 17.842.007 = 3 —
Prêts des particuliers. — 421.181.175 = 72 —

Total. .... Marks. 582.981.717

Les sociétés coopératives emploient les sommes ainsi réunies en prêts aux sociétaires [1]. Si l'emprunteur a un dépôt à la banque, il peut emprunter une somme telle que le dépôt égale 60 % du prêt ; à défaut d'argent déposé, la société exige le cautionnement solidaire d'un autre de ses membres, pour le cas où à l'échéance le remboursement n'aurait pas lieu.

La clientèle des banques allemandes embrasse toutes

---

[1] On leur assimile les personnes agréées par le conseil.

les classes laborieuses, surtout celle des petits agriculteurs, artisans et commerçants,

Les banques italiennes sont organisées d'après des principes identiques à ceux des banques allemandes. Dans le système Raiffeisen, comme dans le système Schulze Delitzch, la solidarité est la base du crédit populaire. Seule elle peut, dans une certaine mesure, remplacer le capital non versé.

Les banques Raiffeisen tendent au même but que les sociétés de crédit allemandes : « faciliter aux associés les emprunts dans les conditions les plus avantageuses. » Elles sont formées le plus souvent par des agriculteurs.

Ceux-ci se prêtent mutuellement et s'adressent à des tiers pour se procurer les fonds nécessaires à leurs opérations de crédit.

Quelle est la garantie de ceux à qui la société de crédit emprunte ? La responsabilité solidaire des associés sur tous leurs biens. C'est en quelque sorte la solidarité à l'état pur, car dans le système Raiffeisen les membres de l'association n'apportent aucune mise dans la société. Par ce caractère, les banques Raiffeisen diffèrent des banques Schulze Delitzch [1].

---

[1] Aux yeux de M. Leroy-Beaulieu, les banques Schulze réalisent le type économique idéal, car elles sont fondées sur l'intérêt économique de chacun de leurs membres (gros dividendes distribués), tandis que dans les banques Raiffeisen l'esprit d'abnégation, l'élément moral de la solidarité sont plus accusés. Les unes sont une affaire, les autres plutôt une œuvre..

Puisque les sociétés de crédit italiennes se constituent sans capital, il est naturel qu'elles ne distribuent aux sociétaires aucuns bénéfices, tandis que les sociétés allemandes distribuent à leurs membres sous forme de dividendes les bénéfices réalisés. [Différence entre le taux d'emprunt et celui de prêt en 1887, 5,50 %- 3,81 %.] (1891. Les bénéfices ont été de 11 millions de francs. Cf. Gide, p. 336, éd. 1894.)

Nous connaissons le mécanisme des banques agricoles et populaires. Quelle est l'étendue de leur développement ? De quelles critiques ont-elles été l'objet et quelle est la valeur de ces critiques ? Tels sont les divers points qu'il nous reste à étudier brièvement.

α. Importance des sociétés de crédit mutuel, agricole et populaire

---

Les sociétés coopératives de crédit se sont rapidement développées en Allemagne, et en Italie elles tendent à se généraliser. En Allemagne, on compte près de 2,000 banques populaires. Dans l'année 1891, 1,076 ont publié les comptes de leurs opérations ; elles disposaient d'un capital de 114 millions et demi, de 29 millions de réserves, auxquels venaient se joindre les sommes empruntées, à peu près 450 millions. C'est avec ces fonds considérables que les banques opéraient sous des formes variées, avances, escomptes, obligations, prêts sur compte courant. Grâce à la confiance qu'elles inspirent par leur organisation fondée sur la solidarité, les sociétés coopératives de crédit se procurent les capitaux dont elles ont besoin à un taux modéré (3,81 % en 1887) et prêtent à des conditions très favorables (5,50 % en 1887) [1].

Les banques populaires ont fait pénétrer la notion de crédit dans toutes les classes laborieuses et contribué au développement du petit commerce et de la petite industrie. Les agriculteurs ont obtenu grâce à elles le fonds de roulement « nécessaire pour les dépenses courantes de l'exploitation », sans être obligés de grever leurs domaines d'hypothèques.

En France, les essais de constitution de crédit populaire n'ont guère réussi. Le Père Ludovic de Besse a créé quelques banques populaires, mais cette œuvre est encore bien modeste. Pour quelle secrète raison la solidarité ne produirait-elle pas sur notre terre de France les heureux effets qu'elle a produits en Italie ou en Allemagne ? La cause de ce succès n'a rien de mystérieux, elle ne réside pas dans des conditions économiques particulières. Seule, l'initiative indivi-

---

[1] M. Leroy-Beaulieu fait néanmoins remarquer que le développement des sociétés coopératives semble devenir moins rapide. « Peut-être toutes les couches susceptibles d'être rattachées au système coopératif y ont été ramenées. » Une autre cause de cet arrêt dans le développement paraît être le socialisme dont Schulze était l'adversaire décidé, se rattachant par ses doctrines économiques à l'école classique libérale.

duelle est en défaut [1]. Les Français attendent peut-
être trop de l'État ; à la différence des Anglais et des
Allemands, ils ne comptent pas assez sur eux-mêmes.
Nous avons des sociétés coopératives de production et
de consommation ; pourquoi n'aurions-nous pas, pour
protéger notre petite industrie, notre petit commerce
ou l'agriculture elle-même, des sociétés coopératives
de crédit fondées sur le principe de la responsabilité
solidaire ? Tout au moins conviendrait-il de généraliser
les pratiques des banques écossaises et suédoises (prêts
par compte courant avec garantie de caution solidaire.)
La Banque de France ne pourrait-elle pas se voir
imposer, comme condition du renouvellement de son
privilège, l'obligation d'entrer dans cette voie [2] ?

---

[1] Je dois cependant faire observer que depuis quelque
temps l'école de la coopération soutenue par les disciples
de Le Play s'est mise à la tête d'un mouvement tendant à la
création de Caisses rurales. (Vide *Rev. écon. pol.*, 1894,
p. 605 ; Congrès des banques populaires.)

[2] Les commissions parlementaires s'occupent actuellement
de l'organisation du crédit populaire et agricole, mais une
étude des systèmes proposés serait hors de proportion avec
l'étendue de notre travail. (Vide *Rev. écon. pol.* 1893, p.459,
616, 617.) « L'individualisme exagéré, les tendances actuelles
à l'égoïsme ne résultent-ils pas de l'hostilité de nos lois et
de nos mœurs au principe d'association, hostilité qui pro-
vient d'une guerre acharnée de près de trois siècles ? Le
principe de solidarité n'a-t-il pas fait au Moyen Age le
succès des communautés rurales ? » (*Réf. soc.* de 1889, 2-50.)
Il faut refaire l'éducation économique dans le sens de la
mutualité.

β. Critique du système de crédit populaire fondé sur la solidarité

Ne croyons pas toutefois que le système de crédit solidaire n'ait soulevé aucune critique.

1° L'une de ces critiques s'adresse directement au principe même de la solidarité qui fait peser, dit-on, sur chacun des cobligés une responsabilité trop lourde ;

2° Une autre, plus générale, émane de l'école socialiste : « Le domaine du crédit populaire fondé sur la solidarité est trop restreint. »

1° La solidarité fait peser sur chacun des cobligés une responsabilité trop lourde. Chacun d'eux, en cas de déconfiture de la société, est tenu personnellement et indéfiniment à l'égard de la masse des créanciers. Si les débiteurs qui ont fait des emprunts à la société ne peuvent restituer les sommes reçues, chacun des associés n'est-il pas en quelque sorte leur garant ? Or, à qui les banques populaires vont-elles prêter ? Le plus souvent à de petits artisans qui, n'ayant que des ressources limitées, soutiendront avec peine la concurrence de la grande industrie et auront bien des difficultés à vaincre pour réussir. Ne voyons-nous pas beaucoup de banques allemandes renoncer à la mutualité, trop rigoureuse, pour prendre la forme anonyme, où chaque associé n'expose que sa mise de fonds [1]. De même, à mesure que l'industrie se développe, les sociétés à forme anonyme tendent de plus en plus à remplacer les sociétés en nom collectif, dans lesquelles chaque associé est tenu personnellement et solidairement des dettes sociales.

La critique nous paraît outrée. La solidarité est la véritable base du crédit populaire; seule elle peut assurer la confiance des tiers, en tenant dans une certaine mesure la place du capital non versé réellement. Au reste, elle a pour effet de garantir les tiers d'une autre manière non moins efficace, puisqu'aucun participant ne peut, à raison de sa responsabilité propre, se désintéresser, sans courir les plus graves dangers, de la marche des affaires sociales. Remarquons, d'ailleurs, que la solidarité ne fonctionne pas seule et que d'ingénieuses combinaisons ont pour résultat d'en atténuer les dangers, sans en amoindrir l'énergie.

Tout d'abord, les créanciers sociaux n'ont-ils pas un gage certain, auquel ils doivent s'attaquer avant d'agir contre les associés? Si la société vient à éprouver quelques pertes, la responsabilité de ses membres n'est que subsidiaire. N'existe-t-il pas un fonds de

---

[1] Voyez également l'application du principe de la solidarité atténué dans le régime des sociétés de crédit mutuel russe, tel qu'il est décrit magistralement par M. le professeur Afanassiev, *Réforme sociale*, 1889,-2-35 et sq., p. 46, *in fine.*

réserve, formé des droits d'entrée, des cotisations annuelles, des prélèvements sur les bénéfices, et qui doit, normalement, s'accroître chaque année ?

Les cotisations annuelles sont une prime d'assurance contre le danger de la responsabilité indéfinie des associés. Le capital social, si la réserve vient à être épuisée, sera attaqué par les créanciers ; l'action contre les sociétaires n'est intentée qu'en dernier lieu.

Au reste, les sociétés coopératives de crédit éprouveront rarement des pertes. Elles prêtent, en effet, à des personnes dont l'honorabilité et la solvabilité leur sont connues, à des sociétaires ou aux personnes agréées par le conseil et, de plus, elles ne prêtent pas sans garantie [1].

Parfois, l'emprunteur a déposé de l'argent dans les caisses de la Banque ; il peut obtenir alors une somme telle que le dépôt forme 60 % du prêt ; en l'absence de dépôt, il doit présenter comme caution un autre sociétaire qui, en cas de non paiement à l'échéance, sera rendu immédiatement responsable. Que si ces garanties paraissent insuffisantes, il est loisible à la Banque d'en exiger d'autres.

---

[1] La limitation territoriale qui est une règle absolue (*Réf. soc.*, 1889, 2-262) permet de surveiller de visu l'emploi des sommes prêtées et de reconnaître son utilité.

« Les brebis galeuses sont écartées du troupeau. » (*Vide loc. cit.* les chiffres relatifs à la Caisse rurale de Lorregia qui démontrent le peu d'étendue des risques courus.)

Le danger que la responsabilité solidaire fait courir aux associés est donc bien atténué.[1]. Contre un fléau local les Caisses rurales peuvent se protéger par un fonds collectif d'assurance mutuelle formé par un léger prélèvement sur les bénéfices.

2º Mais si la solidarité est utile quand on peut l'employer, n'a-t-elle pas un domaine d'application nécessairement bien étroit ? diront quelques économistes. Elle ne peut être mise en œuvre par les salariés. La force, sans doute, peut naître de la réunion des énergies individuelles ; mais si chaque individu n'a aucune surface sociale, ne présente aucune garantie sérieuse, comment pourront-ils réunis tirer profit de l'association ? Multipliez 0 ou une quantité très petite par un nombre même très grand, quel produit aurez-vous ? La solidarité n'est donc pas de nature à faciliter l'union du capital et du travail, qui de plus en plus tendent à se séparer ; elle ne saurait donc être un instrument puissant de progrès social. Ainsi parlent les socialistes et même ceux d'entre les économistes qui sont, avant tout, d'exacts observateurs. Prenez l'exemple célèbre des banques allemandes. Les ouvriers ne forment que 8 °/₀ des sociétaires, tandis que les petits fabricants, commerçants, bou-

---

[1] En ce qui concerne spécialement les banques Raiffeisen, *vide* Leroy-Beaulieu, *loc. cit.*, p. 548 et 549, qui décrit minutieusement les précautions prises pour atténuer la responsabilité solidaire des coassociés. (Cf. *Réf. sociale*, 1889, 2-263 et sq ; Cf. Pour les sociétés du crédit mutuel russe, *Réf. soc.*, 1889, 2, p. 35 à 46.)

tiquiers figurent dans la proportion de 57 % et les
petits cultivateurs pour 27 % [1].

On nous concèdera, néanmoins, que le rôle de la
solidarité est considérable et de nature à grandir
progressivement dans le domaine du crédit populaire.

Les services qu'elle a rendus aux petits agriculteurs
sont très grands. Alors que la concurrence étrangère
est énorme, que les produits obtenus en abondance
et à vil prix sur les terres vierges de l'Amérique
inondent nos marchés européens et que l'agriculture
se rapprochant sans cesse de l'industrie par les procédés quelle met en œuvre (machines, engrais, etc.),

---

[1] Il semble que Schulze Delitzsch lui-même ait pensé que
les sociétés coopératives de crédit n'étaient pas de nature
à recevoir la totalité des individus. (*Revue des Deux-Mondes,*
année 1893, p. 545.) « Les conditions morales tenaient une
grande place dans la conception qu'il se faisait du crédit. »
Pour M. Leroy-Beaulieu, le groupement coopératif est un
procédé de sélection. Il écrit, à l'occasion des *Banche
popolari* dont il vient d'indiquer la composition : « Elles
ne viennent pas au secours de l'homme vraiment pauvre.
La pauvreté relève de la charité et d'une certaine hygiène
sociale, non du crédit, sauf quelques cas. » (P. 554, cf. 557,
loc. cit.) « Les sociétés coopératives ne paraissent, en effet,
devoir être dans le présent et l'avenir... qu'un organisme
de transition destiné à faire émerger les hommes les plus
actifs, les plus laborieux et les plus prévoyants ; une fois
qu'elles ont constitué un noyau de ce genre, le procédé de
sélection continue et s'accentue pendant un certain temps,
jusqu'à ce que le caractère coopératif avec le succès croissant
finisse par disparaître. »

exige des capitaux toujours plus nombreux, les sociétés coopératives de crédit ont protégé la petite propriété et lui ont permis de soutenir une concurrence, de jour en jour plus redoutable, par la pratique des modes de culture intensive. (Voyez ce que nous avons dit de l'Écosse.) La solidarité a fait la force de la démocratie rurale.

N'a-t-elle pas de même soutenu les petits commerçants dans leur lutte contre ces grands magasins qui tendent à absorber dans leur sein toute la puissance commerciale d'un pays ? Et si, comme on le prétend, la solidarité n'aide pas les salariés, c'est-à-dire ceux qui travaillent à forfait pour le compte d'autrui, à sortir en masse de leur condition présente [1], du moins a-t-elle contribué à aider les petits artisans et les producteurs autonomes à conserver leurs positions en face de la grande industrie et à ne pas venir grossir la masse des salariés. N'est-ce pas un résultat aussi

---

[1] N'oublions pas, d'ailleurs, que les sociétés de crédit peuvent secourir utilement les sociétés coopératives de production. Une loi nouvelle ne fait-elle pas des syndicats agricoles des sociétés de crédit ? Lorsque des travailleurs groupés auront, par l'épargne automatique réalisée dans les sociétés de consommation, ramassé une réserve, il leur sera facile de se constituer en société de crédit mutuel et solidaire, afin de se procurer les fonds nécessaires pour alimenter une entreprise commune de production. On ne saurait séparer par l'analyse des institutions qui dans la réalité sont très étroitement unies et qui ne valent que comme rouage d'un organisme plus vaste, « la Coopération. »

Si les socialistes sont hostiles à la coopération, c'est qu'ils sentent parfaitement, comme le dit M. Secrétan *(Études*

important que désirable à une époque où la division
du travail, la concurrence, le développement des
machines, la complexité croissante des opérations
industrielles et surtout l'énormité des capitaux nécessaires à chaque entreprise tendent de plus en plus,
par une sorte d'évolution fatale, à écarter les petits
producteurs autonomes ?

Le crédit mutuel et solidaire ne faciliterait-il pas également aux salariés l'accès d'une condition meilleure,
celle d'artisans travaillant pour leur compte?

On doit donc considérer la solidarité comme une
force [1] de conservation et de progrès social, si le
double effort des particuliers et de l'État cherche à
en élargir le domaine. Au principe dur, et contre
lequel l'âme se révolte de la lutte pour la vie, elle
substitue cette formule si douce, si éminemment chrétienne [2] de l'union pour la vie. La solidarité assure
le progrès dans l'ordre, elle est l'ennemie jurée de la
violence; avec elle les luttes des classes sont évitées.
M. Kergall (*Revue économique et financière* du

---

sociales, préface, p. 3) : « Que la coopération renferme
pour eux les vrais dangers, tandis que les satisfaits sont
leurs complices. »

Ne voit-on pas en Angleterre et aux États-Unis les *buil-
ding societies* (sociétés de construction) jouer le rôle de
banques populaires ? (Gide, p. 336, N° 1, édit. 1894.) La
combinaison inverse n'a rien d'irréalisable.

[1] Wolf compare la découverte de la coopération de crédit
à la découverte de la vapeur.

[2] *Vide* sur l'influence du christianisme sur le développement de la solidarité, Gide, p. 5, *De la solidarité.*

3 Février 1894) exprime cette idée en termes remarquables et dignes d'être rapportés : « Qu'avons-nous trouvé dans la tête et dans le cœur de nos associations ouvrières coopératives? Leur procédé est-il donc le bestial et monstrueux procédé scientifique (l'auteur vise Darwin et l'école économique qui s'y rattache) : la lutte pour la vie? C'est tout le contraire, ce sont des hommes de bonne volonté qui, au lieu de se disputer les éléments de la vie, s'unissent pour les conquérir. Ce n'est pas la lutte pour la vie, c'est l'union pour la vie. »

Conclusion. — Il ressort de notre étude finale que le rôle des sûretés personnelles tend à grandir singulièrement et à reprendre dans les sociétés modernes, où la civilisation est arrivée à une si brillante expansion, toute l'importance qu'il avait dans les sociétés primitives encore dans l'enfance de la vie économique. Le développement des sûretés personnelles coïncide avec la fusion totale ou partielle de la solidarité et du cautionnement.

Chez les peuples primitifs l'usage de la solidarité est spontané et non voulu ; il résulte nécessairement de l'organisation de la famille et de la tribu dont il est la manifestation extérieure. Chez les peuples modernes, l'emploi de la solidarité est l'œuvre du calcul perfectionné des économistes ; la finalité, c'est-à-dire la conscience de la convenance des moyens en vue d'un effet à produire, apparaît ici dans toute sa netteté. La solidarité est le type idéal des garanties commerciales, et cette supériorité a été sentie.

En même temps, la variété des besoins du crédit qui se font jour offre à la solidarité un champ nouveau pour se développer, et celle-ci, grâce à la souplesse de ses formes, se plie aisément à des fins nouvelles. Jadis la solidarité était nécessaire entre membres de la même famille et de la même *gens ;* aujourd'hui elle naît du libre accord des volontés, mais elle répond toujours au même besoin « accroître par l'union la force de l'individu [1].»

---

[1] Nous sommes heureux d'être arrivé par l'étude sincère des faits-économiques à la [même-conclusion- que notre savant maître, M. Charles Gide, dans son étude éminemment suggestive sur l'idée de solidarité en tant que programme économique (Paris. 1893, extrait de la *Revue internationale de Sociologie.*) et qui nous a été signalée seulement après la confection de ce travail, à notre grand regret.(*Vide* p. 7 et 9.) « Il semble que la solidarité soit appelée à passer par trois phases successives.» « Dans la première, imposée par la nature, elle est fatale, inconsciente, automatique.» « Dans la seconde phase, la solidarité, tout en conservant son caractère fatal, peut devenir volontaire en ce sens que les hommes acquièrent la claire conscience du lien qui les unit et, loin de regimber contre lui, y acquiescent de bonne grâce. » « Enfin il existe une dernière phase de la solidarité où toute coercition disparaît et où il ne reste plus que cette libre coopération qui résulte du concours des volontés. » C'est cette forme de solidarité qui est la plus haute et c'est celle que nous devons nous efforcer de réaliser. (Cf. Fouillée, *Science sociale*, p. 201.) Consultez également un remarquable article de M. Gide, de la coopération et des transformations qu'elle est appelée à réaliser dans l'ordre économique. (*Revue d'économie politique*, année. 1889. p. 473 et sq.)

POSITIONS

DROIT ROMAIN

I. — La décision du juge dans le *sacramentum in rem* se réalise par voie de *manus injectio* contre les *prœdes litis et vindiciarum*.

II. — Les trois conditions exigées pour que la *litis contestatio* éteigne *ipso jure* le droit déduit en justice ont leur principe d'explication dans le système des *legis actiones*.

III. — L'impossibilité d'exercer la *condictio indebiti*, quand on a payé sous la menace d'une de ces actions *quæ crescunt in duplum adversus infitiantem*, apparaît comme un vestige du régime de la *manus injectio*.

IV. — Le legs a été originairement une disposition se suffisant à elle-même et indépendante d'une institution d'héritier.

DROIT CIVIL FRANÇAIS

I. — Le principe déclaratif est inapplicable aux créances. (883, Code Civ.)

II. — Le rapport des dettes procure un droit de préférence aux cohéritiers qui l'invoquent, à l'encontre des créanciers personnels du cohéritier débiteur.

III. — Les créanciers chirographaires qui ont saisi peuvent se prévaloir du défaut de transcription des donations.

IV. — Les créanciers chirographaires peuvent se prévaloir du défaut de signification ou d'acceptation des créances cédées par leur débiteur.

ÉCONOMIE POLITIQUE

I. — La crise des changes est favorable aux pays qui la subissent.

II. — Le remède à cette crise pour les pays à monnaie au pair d'or peut être trouvé dans un tarif rectificatif des changes, à titre de mesure transitoire, et pour l'avenir dans le retour au bimétallisme universel.

III. — Les sociétés coopératives de production ne sont pas nécessairement destinées à se concentrer et à s'écarter ainsi progressivement de l'idéal coopératif.

DROIT COMMERCIAL

I. — En cas de faillite, l'action en résolution du vendeur d'immeuble est éteinte avec le privilège, si l'inscription de l'Article 490 a été prise par le syndic.

II. — La clause à ordre est applicable même aux créances civiles et produit toujours les mêmes effets.

III. — La propriété de la provision est transmise avec la lettre de change au preneur et aux porteurs successifs.

Vu : *Le Président de la Thèse,*
A. PIERRON.

Vu : *Le Doyen de la Faculté de Droit,*
VIGIÉ.

Permis d'imprimer :
Montpellier, le 13 Décembre 1894.

Pour le Recteur :
L'Inspecteur d'Académie délégué,
L. YON.

TABLE DES MATIÈRES

POSITION PRÉCISE DE LA QUESTION

A. — DROIT ROMAIN

Première période

★

Deuxième période

DE LA CRÉATION DE LA FIDÉJUSSION JUSQU'A JUSTINIEN

B. — DROIT FRANC ET COUTUMIER

PREMIÈRE PARTIE.

DEUXIÈME PARTIE.

HISTOIRE DU CAUTIONNEMENT D'APRÈS LES LOIS BARBARES ET LE DROIT COUTUMIER PRIMITIF.

C. — PÉRIODE MODERNE

TENDANCE DU CAUTIONNEMENT ET DE LA SOLIDARITÉ A SE CONFONDRE

BIBLIOGRAPHIE.

DROIT ROMAIN.

DURUY. — Histoire des Romains.

MOMMSEN. — Histoire romaine.

D'IHERING. — Esprit du Droit romain.

ACCARIAS. — Traité de Droit romain.

Gaston MAY. — Traité de Droit romain.

CUQ. — Institutions juridiques des Romains.

TARTARI. — Thèse de doctorat sur le Cautionnement. — Grenoble, 1875.

LUCAS. — Revue générale de Droit — année 1886. — Étude sur l'importance comparée des sûretés réelles et personnelles.

VALÉRY. — Revue générale de Droit — années 1892 et 1893. — Étude sur l'origine du Pacte de constitut.

APPLETON. — Nouvelle Revue historique de Droit — année 1876. — Étude sur le Cautionnement.

HAURIOU. — Nouvelle Revue historique de Droit — année 1882. — Étude sur la Corréalité.

GÉRARDIN. — Nouvelle Revue historique de Droit — année 1885. — Étude sur la Solidarité.

Esmein. — Nouvelle Revue historique de Droit — année
1887. — Étude sur l'Intransmissibilité originaire de l'obligation.
Gauckler. — Nouvelle Revue historique de Droit — année
1889. — Étude sur le Vindex.
Cuénot. — Nouvelle Revue historique de Droit — année
1893. — Étude sur la Réalisation des con-
damnations dans le *sacramentum in rem.*

ANCIEN DROIT FRANÇAIS ET DROIT MODERNE.

Loysel. — Institutes coutumières.
Pothier. — Traité des Obligations.
Fremery. — Droit commercial.
Vigié. — Étude sur le Cautionnement d'après la coutume
de Montpellier.
Giraud. — Histoire du Droit français au Moyen Age.
Esmein. — Études sur les Contrats dans le très ancien Droit
français.
Sohm. — Procédure de la loi Salique. — Traduction Thévenin.
Marcel Fournier. — Étude sur le Cautionnement solidaire.
Tartari. — Étude sur le Cautionnement solidaire.
Duranton. — Code Civil.
Toulier. — Code Civil.
Aubry et Rau. — Traité de Code Civil.
Colmet de Santerre. — Traité de Code Civil.
Paul Pont. — Petits contrats.
Vigié. — Traité du Code Civil.
Baudry-Lacantinerie. — Traité de Code Civil.
Lyon-Caen et Renault. — Traité de Droit commercial.
Boissonnade. — Projet de Code Civil japonais.
Lacoste. — Étude sur la Chose jugée.

SALEILLES. — Étude sur le projet de Code Civil allemand.
CHARMONT — Revue critique — année 1894. — Étude sur
la Solidarité.
Raoul DE LA GRASSERIE, — *Eodem loco* — année 1894. —
Étude critique de la Solidarité.

ÉCONOMIE POLITIQUE.

GIDE. — Précis d'économie politique. — De l'idée de solidarité
en tant que programme économique —
(Paris — 1893), extrait de la Revue internationale de sociologie. — De la Coopération et des transformations qu'elle est
appelée à réaliser. — Revue d'économie
politique — 1889, p. 473 et sq.
Paul LEROY-BEAULIEU.— Revue des Deux-Mondes — 1er Novembre — 1er Décembre 1893 — Étude
de la Coopération.
AFANASSIEV. — Sociétés de crédit mutuel en Russie. —
Réforme sociale — année 1889, t. II.
C. FRANÇOIS. — Revue d'économie politique — 1893, p. 1012
et sq. — Banques populaires.
REVUE économique et financière du 13 Janvier 1894.

ERRATA

Page 21	Ligne 12	Lire	*quamdam.*
— 27	Note — 3	—	*implique.*
— 103	— 11	—	*ante.*
— 132	— 4	—	*nos.*
— 255	— 2	—	*quoiqu'elle.*

www.ingramcontent.com/pod-product-compliance
Lightning Source LLC
Chambersburg PA
CBHW060420200326

41518CB00009B/1426